Manfred Mai

Hase und Igel®

Für Lehrkräfte gibt es zu diesem Buch
ausführliches Begleitmaterial beim Hase und Igel Verlag.

Bildnachweis
© BoxRec – S. 28
© Getty Images – Manny Millan: S. 95
© mauritius images – ARCHIVIO GBB / Alamy: S. 9, S. 17; Cinema Legacy Collection: S. 90; Hum Images / Alamy: S. 44; Keystone Press / Alamy: S. 51; Pictorial Press Ltd / Alamy: S. 84; TopFoto: Cover, S. 25, S. 61, S. 63, S. 67, S. 68, S. 70, S. 72; Trinity Mirror / Mirrorpix / Alamy: S. 77; UPI / Alamy: S. 87, S. 101; ZUMA Press, Inc. / Alamy: S. 49
© picture alliance – ASSOCIATED PRESS / AP: S. 81; dpa / DB: S. 40
© Wikimedia Commons – The Courier-Journal: S. 20

80797 München, service@hase-und-igel.de
www.hase-und-igel.de
Lektorat: Mira Fischer
Illustrationen: Marc Robitzky
Satz: Appel Grafik München GmbH
Druck: Grafisches Centrum Cuno GmbH & Co. KG, Gewerbering West 27,
39240 Calbe (Saale), info@cunodruck.de

ISBN 978-3-86316-116-3
4. Auflage 2025

Inhalt

1. Kapitel

Kindheit

„Bääääh, huääää, bääääh, huääää!", brüllte am 17. Januar 1942 im Krankenhaus in Louisville ein Baby aus vollem Hals und übertönte alle Neugeborenen in der Abteilung. Mit seiner „großen Klappe" nervte der spätere Boxstar also vom ersten Tag an viele Menschen. Und das blieb auch lange Zeit so.

Die Mutter des kleinen Schreihalses war Odessa Clay, eine hübsche, lebenslustige und fromme junge Frau. Sie war hellhäutig, aber keine Weiße, weil einer ihrer Großväter von einer Schwarzen abstammte. Sieben Monate, bevor ihr erster Sohn geboren wurde, hatte Odessa den dunkelhäutigen Cassius Marcellus Clay geheiratet. Odessa Clay wollte, dass ihr Sohn den Namen seines Vaters bekommt. Es sei der schönste Männername, den sie jemals gehört habe. Doch es gab noch einen zweiten Grund: Ein amerikanischer Politiker gleichen Namens hatte im 19. Jahrhundert für die Abschaffung der Sklaverei gekämpft. Sie wünschte sich, dass ihr Sohn auch so ein mutiger Kämpfer würde.

Der Junge erhielt also den Namen Cassius Marcellus Clay Junior. Eineinhalb Jahre später bekam er einen Bruder, Rudolph Arnett. Die Clays kauften im

West End von Louisville, weit entfernt vom schwarzen Armenviertel, ein winziges Häuschen mit gerade mal zwei Zimmern und einem Bad. Mehr konnten sie sich nicht leisten. Als die Jungen älter wurden, errichtete ihr Vater auf der Rückseite des Häuschens einen kleinen Anbau. Der wurde zum Kinderzimmer, das sich Cassius und Rudy teilten.

Cassius Senior war ein großer, kräftiger Mann, der sich als Künstler fühlte. „Aber ich werde von den Weißen unterdrückt“, erzählte er seinen Söhnen oft. „Die verhindern, dass ich als Schwarzer für meine Bilder angemessene Preise erhalte. Sie wollen auch nicht, dass meine Bilder in ihren Museen hängen. Dabei bin ich viel besser als alle weißen Maler.“ In Wahrheit reichte sein Talent nicht aus, um Bilder zu malen, für die jemand mehr als ein paar Dollar bezahlen wollte. Schließlich blieb ihm nichts anderes übrig, als Schilder und Werbetafeln für Geschäfte in der Stadt zu gestalten. Das konnte er gut und auf diese Weise verdiente er genug für seine Familie.

Mit einem eigenen Häuschen und einem regelmäßigen Einkommen gehörten die Clays zur schwarzen Mittelschicht. Und Vater Clay arbeitete fleißig, damit das auch so blieb. Allerdings hatte er zwei große Schwächen: den Alkohol und die Frauen. Er ging abends gern in Kneipen. Hatte er zu viel getrunken, wurde er oft gewalttätig. Mehrmals rief Odessa Clay deswegen die Polizei.

Cassius und Rudolph Clay

Für Cassius und seinen Bruder war es schlimm, wenn ihr Vater betrunken nach Hause kam und ihre Eltern sich stritten. Einmal ging Cassius dazwischen und wollte der Mutter helfen. Da nahm sein Vater ein Messer und verletzte ihn damit am Bein.

Das Familienleben litt sehr unter der Trinkerei des Vaters. Und es fehlte das Geld, das er abends ausgab. Deshalb arbeitete Odessa Clay zeitweise bei Weißen als Köchin und Putzfrau. Denn für sie war am wichtigsten, dass ihre Söhne nicht in Armut aufwuchsen. Sie sorgte dafür, dass die Jungen genug zu essen hatten und immer ordentlich angezogen waren.

Obwohl es den Clay-Jungen im Vergleich mit anderen schwarzen Kindern ganz gut ging, lernten sie früh, was sie als Schwarze alles tun mussten und nicht tun durften. Wenn sie ihr Viertel verließen, hieß es oft „Nigger[1] go home!“. Im Zentrum

1 Die Begriffe „Nigger“ und „Neger“ sind abwertend. In diesem Buch werden sie an den Stellen verwendet, wo es notwendig erschien, um die Auffassungen und den Alltag der damaligen Zeit wirklichkeitsgetreu wiederzugeben. So wird deutlich, wie stark die Lebenswelt und der Werdegang von Cassius Clay durch Rassentrennung und die Unterdrückung der Schwarzen geprägt waren.

von Louisville konnten sie nicht einkaufen, wo sie wollten. Es gab „weiße Geschäfte“ und „Negergeschäfte“. Die „weißen Parks“ blieben ihnen versperrt. Auch die Schulen waren nach Hautfarbe getrennt. In Restaurants durften Schwarze nicht neben Weißen Platz nehmen. In Kinos und Bussen mussten sie hinten sitzen.

Um 1950 erduldeten die meisten Schwarzen die Benachteiligung klaglos. Viele versuchten so zu leben, dass sie bei den Weißen als „gute Schwarze“ galten. Sie verhielten sich unauffällig, trugen saubere Kleidung und gingen sonntags in die Kirche.

Auch Odessa Clay wollte, dass ihre Söhne „gute Schwarze“ werden. Doch vor allem Cassius benahm sich schon als Achtjähriger nicht immer so, wie seine Mutter es sich wünschte. Er fragte sich, warum sie als Schwarze vieles nicht machen durften und weniger Rechte hatten. Nicht weit vom Haus der Clays entfernt gab es zum Beispiel den größten und beliebtesten Vergnügungspark der Stadt. Die schwarzen Kinder standen am Zaun und schauten sehnsüchtig hinein. Aber die lockenden Vergnügungen waren nur für Weiße.

Das fand Cassius ungerecht. Weitaus schlimmer als bloß ungerecht fand er, was er als Zehnjähriger an einem heißen Sommertag erlebte. Da war er mit seiner Mutter in der Stadt unterwegs. „Bird, ich habe Durst“, klagte er. Cassius nannte seine Mutter immer *Bird*.

Zuerst vertröstete sie ihn. „Bird, ich kann nicht mehr weitergehen, ich hab so großen Durst."

Weil sie gerade an einer Imbissbude vorbeikamen, bat Odessa Clay den weißen Verkäufer höflich um ein Glas Wasser für ihren Sohn. „Für den kleinen Nigger habe ich kein Wasser!", sagte der Verkäufer und drohte dann: „Verschwindet hier, sonst mache ich euch Beine!"

Odessa Clay ging mit Cassius schnell weiter. Er weinte. Sie nahm ihn auf den Arm und trug ihn ein Stück, obwohl er dafür eigentlich schon zu schwer war.

Solche bitteren Erfahrungen machten Cassius schmerzlich bewusst, dass sie als Schwarze in den Augen der Weißen Menschen zweiter Klasse waren.

2. Kapitel

Der Fahrraddiebstahl

An einem Freitagnachmittag im Oktober 1954 fuhren Cassius und sein bester Freund Johnny Willis mit ihren Rädern durch die Stadt. Cassius hatte zu Weihnachten ein rot-weißes Fahrrad mit Scheinwerfer, Weißwandreifen und verchromten Felgen bekommen. Darauf war er mächtig stolz, denn so ein tolles Rad besaßen im West End nicht viele.

Irgendwann begann es zu regnen. Da suchten die beiden einen Unterstand und landeten bei der Columbia-Halle. Dort fand gerade ein Basar der schwarzen Kaufleute statt. Die Jungen stellten ihre Räder ab und gingen hinein. Was die Händler anboten, interessierte sie nicht so sehr. Doch an vielen Ständen gab es kostenlos Popcorn, Würstchen oder Süßigkeiten. Damit schlugen sie sich die Bäuche voll.

Als die Halle geschlossen werden sollte, wollten sie nach Hause fahren. Draußen blieb Cassius wie angewurzelt stehen. „Mein Fahrrad ist weg!“, rief er.

Die Jungen suchten alles ab, aber von dem Fahrrad war keine Spur.

„Das hat einer geklaut!“, vermutete Johnny.

Cassius weinte vor Wut und aus Angst vor seinem Vater. Er konnte sich gut vorstellen, wie der reagieren würde, wenn er ohne Fahrrad nach Hause kam.

„Was ist denn passiert?“, fragte eine Frau, die gerade vorbeiging.

„Jemand hat ihm sein Rad geklaut“, antwortete Johnny.

„Den muss die Polizei finden und mir mein Rad wieder zurückbringen“, schniefte Cassius.

„Geh am besten ins Untergeschoss der Halle“, riet die Frau. „Dort ist ein Polizist. Er heißt Joe Martin und trainiert junge Boxer. Dem erzählst du alles.“

Sofort liefen die beiden zurück in die Halle und die Treppe hinunter. In einem großen, nach Schweiß und Leder riechenden Raum trainierten schwarze und weiße Jungen an Sandsäcken, Schlagbirnen und mit Springseilen. Zwei standen sich im Ring gegenüber. Ein etwa 40-jähriger weißer Mann beobachtete sie und gab Anweisungen. Er war nicht als Polizist zu erkennen, da er keine Uniform, sondern einen Trainingsanzug trug.

„Sind Sie der Polizist?“, fragte Cassius.

„Warum willst du das wissen?“, fragte Joe Martin zurück.

„Weil einer mein Fahrrad geklaut hat und den muss die Polizei finden“, antwortete Cassius wütend. „Dann schlage ich ihn windelweich, bis er mir mein Fahrrad wiedergibt."

„Na, na, na", sagte Joe Martin. „Jetzt erzähl mir mal alles der Reihe nach."

Das tat Cassius und Johnny half ihm dabei. Der Polizist hörte sich die Geschichte an. Er war ein ruhiger Mann, den so leicht nichts aus der Fassung bringen konnte. Ein Fahrraddiebstahl schon gar nicht – wenn es sich überhaupt um einen Diebstahl handelte. Die von Cassius gewünschte Großfahndung löste er jedenfalls nicht aus.

„Ich will den Dieb verprügeln", wiederholte Cassius.

Joe Martin lächelte. „Weißt du überhaupt, wie man richtig kämpft?"

Cassius schaute ihn fragend an. Dann hob er die Fäuste und boxte wild in die Luft. „So kämpfe ich, wenn mich einer ärgert oder mir etwas wegnimmt."

Zwischen die Lufthiebe schlug der Polizist mit seiner rechten Faust plötzlich leicht gegen Cassius' Kinn. „Jetzt hätte ich dich erwischt, weil deine Deckung nicht gut war."

„Hä?", machte Cassius.

„Du hast deinen Kopf nicht geschützt und das ist schlecht beim Kämpfen", erklärte Joe Martin. „Bevor du jemanden verprügeln willst, solltest du erst mal einiges lernen. Komm doch zu uns und trainiere mit uns."

„Ich … ich weiß nicht …“, stammelte Cassius überrascht.

„Überleg's dir“, sagte Joe Martin. „Wir sind Montag bis Freitag jeden Abend von sechs bis acht hier.“

Cassius nickte. „Ich überleg's mir.“ Er schaute sich um und sah die Jungen trainieren, schwarze und weiße gemeinsam. Das gefiel ihm.

Auf dem Heimweg spürte Cassius ein dumpfes Ziehen im Bauch, das immer stärker wurde. Die Angst vor seinem Vater war wieder da. Als der erfuhr, dass Cassius nicht gut genug auf das teure Fahrrad aufgepasst hatte, setzte es eine ordentliche Tracht Prügel.

Am nächsten Tag saß Cassius zu Hause vor dem Fernseher. Es lief gerade die Boxsendung *Champions von morgen*. Da sah er plötzlich Joe Martin. Er stand in einer Ringecke und redete auf einen jungen Boxer ein.

„Bird, Bird!“, rief Cassius. „Das ist der Polizist, dem ich gestern erzählt habe, dass einer mein Fahrrad geklaut hat! Er hat gesagt, ich soll bei ihm trainieren.“

„Boxen?“, fragte sie. „Das ist doch so ein grober und gefährlicher Sport.“

„Wenn man es gut kann, ist es nicht gefährlich“, erwiderte Cassius. „Und Mr Martin wird mir zeigen, wie man richtig boxt.“

„Also ich weiß nicht …“

„Bitte, bitte, Bird!“

In diesem Augenblick kam der Vater herein und hörte noch die letzten Worte. „Was willst du von deiner Mutter?"

Cassius antwortete nicht. Dafür berichtete seine Mutter kurz, worum es ging und was Cassius wollte.

„Hm", machte der Vater und strich mehrmals über sein Bärtchen, wie meistens, wenn er überlegte. „Boxen ist immer noch besser, als sich herumzutreiben und Unfug anzustellen", sagte er schließlich. „Wenn das Training umsonst ist, hab ich nichts dagegen."

Cassius freute sich riesig und kehrte gleich am nächsten Montag zu Joe Martin in den Boxkeller zurück. Schon bei seinem zweiten Training stieg der gerade mal zwölfjährige Anfänger mit einem älteren Boxer in den Ring. Sofort begann er, wild um sich zu schlagen. Nach einer Minute blutete seine Nase, seine Lippen waren geschwollen und ihm war schwindlig. Joe Martin holte ihn aus dem Ring.

„Jetzt weißt du, wie man *nicht* boxt", sagte der Trainer. „Du kannst ja kaum einen linken Haken von einem Tritt in den Hintern unterscheiden." Das und noch einiges andere brachte er ihm bei: welche Schläge es gibt, wann und wie man sie einsetzt, die richtige Stellung zum Gegner, wie man Schlägen ausweicht und den Kopf schützt.

Cassius lernte schnell. Und eines Tages sagte Joe Martin zu ihm: „Mir gefällt, wie du mitmachst und dich reinhängst. Ich bringe dich ins Fernsehen. Beim nächsten *Champions von morgen* bist du dabei."

„Danke, Mr Martin!", rief Cassius und tanzte durch den Raum.

Zu Hause erzählte er begeistert die Neuigkeit: „Ich habe bald meinen ersten richtigen Kampf und der wird im Fernsehen übertragen!"

Der junge Cassius Clay

Der Gedanke, dass ihn die Leute in Louisville und ganz Kentucky sehen würden, beflügelte Cassius. Er trainierte noch eifriger als zuvor.

Am 12. November 1954 war es so weit: Cassius Clay Junior stieg zu seinem ersten offiziellen Boxkampf in den Ring.

Sein Gegner war Ronnie O'Keefe. Der Kampf ging über drei Runden, Cassius traf ein paarmal mehr und gewann knapp nach Punkten. Nachdem der Ringrichter das Urteil verkündet hatte, riss Cassius die Arme hoch und schrie: „Ich werde Weltmeister!"

Die Zuschauer lachten über den wilden Jungen. Denn wie ein kommender Weltmeister hatte er in seinem ersten Kampf nicht geboxt.

3. Kapitel

Ein neuer Boxstil

Der Fahrraddieb wurde nie gefasst, Cassius sah sein Rad niemals wieder. Aber ohne den Raub wäre er vermutlich Joe Martin nicht begegnet und hätte vielleicht nicht mit dem Boxen angefangen. Insofern musste er dem Dieb sogar dankbar sein, denn der hatte seinem Leben eine entscheidende Wendung gegeben.

Nach dem Sieg über Ronnie O'Keefe träumte Cassius davon, Weltmeister zu werden. Doch bis auf seine Mutter lachte ihn jeder aus, dem er das erzählte. Trotz seines Sieges deutete nämlich noch nichts auf besondere Talente und Fähigkeiten hin.

Inzwischen boxte auch Cassius' Bruder Rudy. Und ein Trainer aus Joe Martins Team sagte zu Vater Clay: „Wir glauben, dass Rudy mehr Potenzial hat als Cassius. Er ist ein bisschen stärker."

Aber Cassius trainierte fleißiger als sein Bruder und alle anderen Schüler von Joe Martin. Dadurch glich er aus, was ihm an Größe und Kraft fehlte. Er gewann auch die nächsten beiden Kämpfe und schien auf einem guten Weg zu sein.

Doch dann verlor er kurz nach seinem 13. Geburtstag gegen einen gleichaltrigen Boxer. Diese Erfahrung war schlimm für Cassius, sehr schlimm. „Den Namen meines Gegners, gegen den ich meine erste Niederlage bezog, werde ich mir ewig merken: James Davis."

Cassius hatte sich für unbesiegbar gehalten und nun war er von diesem James Davis geschlagen worden. Zum ersten Mal zweifelte er an sich. „Warum habe ich verloren?", fragte er sich immer wieder. Irgendwann gab er sich selbst die Antwort: „Er hat mich zu oft getroffen." Und Cassius zog auch gleich die Lehre daraus: „Das darf nie wieder passieren. Keiner darf mich mehr so oft treffen, dass ich verliere!"

Die Niederlage gegen James Davis war der erste Schritt zur Entwicklung eines Kampfstils, wie ihn die Boxwelt noch nicht gesehen hatte: Cassius nutzte seine beweglichen Beine, um die Gegner tänzelnd zu umkreisen, meistens im Uhrzeigersinn. Er hielt die Fäuste nicht mehr schützend vor den Kopf, sondern ließ sie hängen. Das hatte bisher kein Boxer getan. Den Schlägen der Gegner wich er aus, indem er blitzschnell wegtänzelte und dabei Oberkörper und Kopf zurücknahm. Um das zu schaffen, brauchte es nicht nur flinke Beine, sondern auch Augen, denen nichts entging. Cassius fasste diesen neuen Stil einmal in dem Satz zusammen: „Schwebe wie ein Schmetterling, stich wie eine Biene."

Cassius Clay und sein Trainer Joe Martin

So zu kämpfen war ziemlich riskant. Joe Martin gefiel das überhaupt nicht. „Das sieht ja aus, als würdest du davonlaufen."

„Ich laufe nicht davon, ich weiche den Schlägen aus", erwiderte Cassius.

„Du kannst nicht allen Schlägen ausweichen", behauptete der Trainer. „Deswegen brauchst du eine gute Deckung. Die braucht jeder Boxer. Keiner kämpft ohne Deckung."

„Dann bin ich eben der erste", gab Cassius beinahe trotzig zurück.

Joe Martin seufzte. „Warte nur, einmal kostet dich das Kopf und Kragen!"

„Glaub ich nicht", sagte Cassius bloß.

Cassius ließ sich nicht von seinem Weg abbringen, auch nicht durch Joe Martin, dem er viel zu verdanken hatte. Zwar verlor er ein paar weitere Kämpfe, aber diese Niederlagen warfen ihn nicht um. Cassius war überzeugt: „Ich muss meine Art zu boxen nur noch besser, noch perfekter machen. Ich weiß, wie weit ich zurückgehen kann, wann ich mich ducken und wann ich meinen Mann festnageln muss. Die Kunst ist, den Gegner zu ermüden. Ich bringe meinen Kopf in Reichweite seiner Fäuste, bringe meinen Gegner zum Zuschlagen und beuge mich dann zurück. Dabei halte ich die Augen weit offen, damit ich alles sehe. Ich mache einen Ausfallschritt, weiche nach rechts und nach links aus, halte ihn mir mit linken Geraden vom Leib und bringe meinen Kopf wieder in seine Reichweite. Es kostet eine Menge Kraft, immer wieder ins Leere zu schlagen. Wenn die besten Kombinationen nur dünne Luft treffen, dann geht das schon an die Nerven."

Weil Joe Martin ihm bei dieser Art zu boxen nicht weiterhelfen konnte, wollte Cassius heimlich zu einem anderen Trainer gehen: Fred Stoner. Der trainierte junge Boxer im Keller eines kirchlichen Gemeindehauses. Davon hatte Cassius bei einem Turnier erfahren. Und einige von Stoners Jungs boxten wirklich gut, besser als die meisten Schüler von Joe Martin.

Cassius wusste, dass sich die beiden Trainer als scharfe Konkurrenten betrachteten und nicht wollten, dass ihre Schützlinge Kontakt zu der anderen Gruppe hatten. Trotzdem machte er sich zusammen mit seinem Bruder auf den Weg zu dem Gemeindehaus in der Stadtmitte. Der geräumige Keller war längst nicht so gut ausgestattet wie der Raum von Joe Martin, das sah Cassius sofort. Aber es wurde eifrig trainiert.

Stoner bemerkte Cassius und Rudy. „Nur zu, wenn ihr reinkommen wollt."

Die beiden traten näher.

„Ihr trainiert doch bei Joe Martin, stimmt's?"

Sie nickten.

„Und warum seid ihr dann hier?“

Sie sahen sich an, als wartete jeder darauf, dass der andere antwortete.

„Na?“

„Wir … ich … Haben Sie mich im Fernsehen gesehen?“, fragte Cassius schließlich.

Jetzt nickte Stoner. „Mut hast du ja und dein Geist ist willig, aber das Fleisch ist schwach.“

„Hä?“, machte Cassius, der nicht verstand, was Stoner damit meinte.

„Wir trainieren hier abends von acht bis zwölf. Wenn du zu uns kommst, zeige ich dir, wie man boxt.“

Von acht bis zwölf, abends! Das war für die Clay-Jungs aus dem West End unmöglich. Nach dem Training hätten sie ja mitten in der Nacht allein durch die Stadt nach Hause laufen müssen. Das würden ihre Eltern nie erlauben.

Schon am nächsten Tag wusste Joe Martin, dass Cassius bei Stoner gewesen war. „Du kennst doch unsere Spielregeln“, sagte er scharf. „Niemand kann gleichzeitig bei Stoner und bei mir sein. Entweder du lässt Stoner fallen oder ich lasse dich fallen.“

Cassius bekam Angst und versprach stotternd: „Ich … ich werde … äh … Mr Stoners Trainingslager nicht mehr betreten.“

Joe Martin nickte. „Gut, dann an die Arbeit!“

4. Kapitel

Eine schreckliche Tat

Den jungen Cassius trieb die Frage um, warum die Schwarzen in den USA benachteiligt waren und so viel erdulden mussten. Als er 13 Jahre alt war, geschah etwas, das ihn und zahllose Amerikaner erschütterte.

Emmett Till, ein Junge etwa in Cassius' Alter, lebte mit seiner Mutter in Chicago. Er ging in eine Schule, in der schwarze und weiße Kinder gemeinsam unterrichtet wurden.

In den Ferien besuchte er Onkel und Tante in dem kleinen Dorf Money im Bundesstaat Mississippi. Am Nachmittag des 24. August 1955 war er mit seinen Cousins unterwegs. Dabei redeten sie auch über Mädchen. „Ich habe eine weiße Freundin", erzählte Emmett.

Die anderen schauten ihn ungläubig an. Denn in Money gab es das nicht. Hier herrschte wie in ganz Mississippi eine viel strengere Rassentrennung als in Chicago.

Zum Beweis zeigte ihnen Emmett ein Foto seiner Freundin.

Doch die Jungen waren noch nicht überzeugt. „So ein Foto kann jeder haben", sagte einer. „Dort drüben in dem Lebensmittelgeschäft ist eine weiße Verkäuferin. Wenn du dich traust, mit der zu reden, dann glaube ich dir."

„Kein Problem", erwiderte Emmett und ging hinein. Als er wieder herauskam, rief er der Frau noch „Bye, Baby!" zu.

Wenig später brachen der Ehemann der Verkäuferin und sein Halbbruder in das Haus von Emmetts Onkel ein und zerrten den Jungen aus dem Bett. Sie schlugen ihn und verlangten, dass er um Verzeihung bitten solle. Emmett weigerte sich, weil er nichts Schlimmes getan habe. Da schleppten die Männer ihn zu ihrem Auto und fuhren mit ihm weg. Nach drei Tagen fand man seine Leiche in einem Fluss. Emmett war kaum noch zu erkennen, so hatten ihn seine Mörder zugerichtet.

Emmetts Mutter bestand bei der Beerdigung darauf, dass der Sarg offen blieb, damit alle das verstümmelte Gesicht ihres Sohnes sehen konnten. „Jeder soll wissen, was mit Emmett geschehen ist."

Einige Zeitungen brachten Fotos, die viele Menschen entsetzten, Trauer und Wut hervorriefen. Es musste endlich Schluss sein mit solchen Taten. Die brutalen Mörder sollten die härtesten Strafen erhalten.

Doch dann kam es ganz anders. Der Richter und die Geschworenen waren weiße Männer. Und sie machten im wahrsten Sinne des Wortes kurzen Prozess: Obwohl die Beweise eindeutig waren, sprachen sie die beiden Angeklagten frei. Und für die Beratung brauchten sie gerade mal 67 Minuten.

Die schreckliche Tat und das unfassbare Urteil lösten in den USA eine Welle der Empörung aus. Auch im Hause Clay wurde darüber gesprochen. Und Vater Clay sorgte dafür, dass seine Söhne die Fotos sahen. Er schärfte ihnen ein: „In diesem Land können die Weißen mit uns Schwarzen machen, was sie wollen. Das muss sich ändern, keine Frage. Aber das wird leider nicht so schnell gehen. Deswegen müsst ihr euch anstrengen und etwas Besonderes leisten. Dann könnt ihr viel Geld verdienen. Und nur mit viel Geld werdet ihr von den Weißen anerkannt und respektiert." Cassius nahm sich diese Worte zu Herzen.

Emmett Till

Bei der Beerdigung von Emmett Till kamen Zehntausende Schwarze zusammen. Sie nahmen nicht bloß Abschied von dem ermordeten Jungen, sie demonstrierten auch für mehr Rechte. Als die Mörder freigesprochen wurden, gab es weitere Proteste. So entstand die Bürgerrechtsbewegung. Sie forderte von der Regierung, die Rassentrennung abzuschaffen und gleiche Rechte für alle Bürger einzuführen.

Die Bürgerrechtsbewegung und ihre Forderungen interessierten Cassius zu der Zeit allerdings nicht. Er hatte vor allem eines im Kopf: Boxen. Sein Ziel war, dass die Weißen mit ihm nicht machen konnten, was sie wollten, wie es sein Vater ausgedrückt hatte. Als Jugendlicher antwortete er einem Reporter auf die Frage, warum er Boxer geworden sei: „Ich habe angefangen zu boxen, weil ich glaubte, dass es in diesem Land für einen Schwarzen der schnellste Weg war, es zu etwas zu bringen."

5. Kapitel

Ein schlechter Schüler

Mit 14 hatte Cassius ein klares Ziel: Boxer werden. Dafür musste er bei Fred Stoner trainieren, davon war er überzeugt. Und das tat er, trotz der Warnung von Joe Martin. Der duldete es knurrend, denn er wollte seinen besten Schützling nicht verlieren. Cassius' Eltern waren auch einverstanden. Der Vater fand Fred Stoner als Trainer schon deswegen besser, weil der ein Schwarzer war.

Cassius bekam ein billiges Moped, damit er den Weg zum Training und nach Hause schneller zurücklegen konnte. Nun richtete er sein ganzes Leben danach aus, seinen Traum zu verwirklichen. „Nach der Schule arbeitete ich vier Stunden für die katholischen Schwestern, dann trainierte ich von sechs bis acht bei Martin. Anschließend fuhr ich zu Stoner, um von acht bis zwölf das eigentliche Training zu absolvieren."

Cassius brannte fürs Boxen. Fürs Lernen konnte er sich dagegen nicht begeistern. „Wozu auch?", fragte er sich. „Die Schule hilft dir nicht dabei, als Schwarzer in diesem Land nach oben zu kommen."

Fred Stoner mit einem jungen Boxer

Diese Haltung zeigte Cassius Tag für Tag im Unterricht. „Er war so dumm wie Bohnenstroh“, sagte eine Mitschülerin später über ihn.

Sein Freund Owen Sitgraves drückte es freundlicher aus: „Er war nicht der Schlauste.“

Cassius selbst gab zu: „Ich war in der Schule nicht besonders hell und schnell. Ich saß neben einem mageren Burschen mit Brille und schrieb seine Antworten ab.“ Lesen und Schreiben bereiteten ihm große Probleme. Für einen Text, den die meisten seiner Mitschüler in fünf Minuten lasen, brauchte Cassius eine Viertelstunde. Beim Schreiben eines Aufsatzes verhielt es sich ähnlich. Und in Mathematik sah es nicht viel besser aus. Vor allem, wenn es sich um Textaufgaben handelte. Da hatte er Mühe, überhaupt zu verstehen, was er rechnen sollte.

Trotzdem ging Cassius gern in die Schule, weil er dort immer Publikum hatte. Das war ihm wichtig. Denn nach Aufmerksamkeit sehnte er sich mehr als nach allem anderen. Anfangs hatte er den Clown gespielt und war für seine tollen Einfälle und Späße bewundert worden. Seit er mit dem Boxen angefangen hatte, tänzelte Cassius oft schattenboxend über den Schulhof und durch die Flure und rief dabei: „Ich werde der größte Boxer aller Zeiten!“

Viele hielten Cassius für einen Spinner und lachten über ihn. Aber das störte den selbstbewussten Jungen nicht. Hauptsache, sie beachteten ihn.

Die Lehrer waren von Cassius’ Verhalten weniger angetan. Als Cassius mit 14 auf die größte Schule für Schwarze in Louisville wechselte, musste er schon das erste Jahr wegen mangelnder Mitarbeit und schlechter Noten wiederholen.

Das empfand Cassius allerdings nicht als Drama. Weitaus wichtiger als Schulnoten war für ihn, dass er Fortschritte im Boxen machte. Dafür tat er alles, nicht nur trainieren. Er stellte auch seine Ernährung um. Zum Frühstück schlug er zwei rohe Eier in einen Liter Milch und trank das Gebräu. Tagsüber hatte er meistens eine Flasche Wasser mit Knoblauch dabei. „Limonade ist für den Körper so tödlich wie Alkohol und Zigaretten“, verkündete er. Natürlich rauchte er nicht und trank keinen Alkohol. Insgesamt achtete er darauf, sich möglichst gesund zu ernähren. Er hing weder mit Freunden herum noch mit Mädchen. Dafür hatte er einfach keine Zeit.

Schon morgens begann er mit dem Laufen. Manchmal lief er durch den Chickasaw Park, manchmal rannte er mit dem Schulbus um die Wette.

Mit dem Schulbus? Ja, wirklich. Das tat er allerdings nicht nur für die Kondition. Bei den Clays reichte es oft nicht für das Busgeld, jedenfalls nicht für beide Brüder gleichzeitig. Das war der eigentliche Grund dafür, warum Cassius Wettläufe mit dem Schulbus veranstaltete.

Mit den anderen Schülern wartete er an der Bushaltestelle. Wenn die einstiegen, blieb Cassius draußen und rannte neben dem Bus her. Wäre er bis zur Schule durchgelaufen, hätte er das Rennen jedes Mal gewonnen. Aber sobald der Bus an einer Haltestelle oder Ampel anhielt, stoppte Cassius auch. Dabei machte er Faxen für seine Zuschauer. Das brachte ihm zusätzliche Aufmerksamkeit, die er genoss.

Weil er so intensiv trainierte, war Cassius in der Schule oft müde. Einmal saß er an seinem Platz und döste vor sich hin. „Cassius!", rief ihn der Lehrer auf.

Er erschrak und schaute nach vorn.

„Du sollst meine Frage beantworten!"

Welche Frage? Cassius hatte keine Frage gehört.

Der Lehrer wiederholte sie mit leicht gereizter Stimme: „Ein Auto kostet 8000 Dollar. Beim Kauf musst du eine Hälfte des Preises bezahlen. Die andere Hälfte in vier gleichen Raten. Wie hoch sind die Raten?"

In Cassius' Kopf fuhren Worte und Zahlen Karussell: Auto, Hälfte, vier, 8000, bezahlen … Er konnte nur raten. „5000", murmelte er.

Ein paar Mitschüler lachten.

„Dann hättest du ein teures Auto", sagte der Lehrer kopfschüttelnd. „Cassius, Cassius, so kann es mit dir nicht weitergehen."

Aber es ging so weiter, genau so. In der Schule tat sich Cassius sehr schwer, dafür machte er beim Boxen große Fortschritte. Niemand legte sich mehr mit ihm an, auch die älteren Schüler nicht.

Nur einer hatte vor Cassius keine Angst: Corky Baker. Er war im West End der „Herr der Straße" und schlug jeden – selbst Cassius. Corky Baker verspottete ihn und nannte ihn ein Großmaul.

Cassius war inzwischen 16 Jahre alt und hatte schon viele Boxkämpfe gewonnen. Doch solange er diesem Corky nicht das Maul gestopft hatte, konnte er sich über die Siege nicht richtig freuen. „Ich muss diesen Mistkerl herausfordern", sagte er eines Tages zu seinem Bruder.

„Tu das nicht!", warnte ihn Rudy. „Der boxt nicht wie du, der reißt dich in Stücke."

„Ich weiß, dass es Selbstmord wäre, mich auf der Straße mit ihm zu messen, wo es keine Regeln und keinen Schiedsrichter gibt", erwiderte Cassius. „Deshalb fordere ich ihn heraus, bei *Champions von morgen* gegen mich anzutreten."

„Auch das würde ich nicht tun."

„Ich muss", sagte Cassius nur.

Die Nachricht von dem bevorstehenden Kampf verbreitete sich in Windeseile im West End und dann in der ganzen Stadt. Die Leute waren überzeugt, dass der stärkste und fieseste Kerl von Louisville Hackfleisch aus Cassius machen würde.

Und zu Beginn des Kampfes in der voll besetzten Columbia-Halle legte Corky los, als wollte er das auch tun. Doch Cassius wich den wilden Schlägen flink und geschickt aus. Schon nach der ersten Runde keuchte Corky und rang nach Luft. Mitte der zweiten Runde hatte er sich durch sein ständiges In-die-Luft-Schlagen so verausgabt, dass seine Bewegungen immer langsamer wurden. Das nutzte Cassius aus, griff mit schnellen Links-rechts-Kombinationen an und landete wirkungsvolle Treffer: Ein Auge von Corky schwoll zu, Nase und Lippe bluteten. Noch vor Ende der zweiten Runde schrie Corky plötzlich: „Teufel, nein! Das ist nicht fair!" Er stolperte aus dem Ring, nahm seine Sachen und verließ die Halle.

Cassius wurde bejubelt und gefeiert. Viele hielten ihn nun wirklich für den Größten – jedenfalls in Louisville. Und ihm selbst waren dieser Sieg und die Anerkennung in seiner Stadt unheimlich wichtig.

Seine Lehrer zeigten sich davon allerdings wenig beeindruckt. Zum Ende der Schulzeit wollten sie Cassius kein Abschlusszeugnis geben. „Er kann noch immer nicht richtig lesen und schreiben", sagte die Englischlehrerin. „Und literarische Werke versteht er erst recht nicht."

„In Mathematik ist es nicht besser", unterstützte sie ihr Kollege. „Er hat nur Boxen im Kopf, dem Unterricht folgt er nicht und manchmal schläft er sogar. So ein Schüler hat kein Zeugnis verdient."

„Genau", stimmte ihm ein anderer Lehrer zu. „Das wäre eine falsche Botschaft an alle jungen Sportler. Die glauben dann, in der Schule müsse man sich nicht anstrengen, wenn man in irgendeiner Sportart besonders gut ist."

Rektor Atwood Wilson hörte sich das eine Weile an. Schließlich stand er auf und hielt eine Rede, die in die Schulgeschichte einging: „Ich kann verstehen, wenn einige von Ihnen der Auffassung sind, Cassius Clay habe kein Abschlusszeugnis verdient. Doch ich bin anderer Meinung. Er mag kein guter Schüler gewesen sein, das gebe ich zu. Aber ich habe noch nie einen jungen Menschen erlebt, der so diszipliniert und konsequent sein Ziel verfolgt. Er hat sein ganzes Leben darauf ausgerichtet, Weltmeister im Boxen zu werden. Sie mögen das für eine Spinnerei halten, ich tue das nicht. Wenn Sie gesehen hätten, wie er den viel stärkeren und in der ganzen Stadt gefürchteten Corky Baker besiegt hat, wären Sie bestimmt so beeindruckt gewesen, wie ich es war. Der Junge wird sein Ziel erreichen, davon bin ich überzeugt. Er wird an einem Abend mehr Geld verdienen als wir alle zusammen in einem Jahr. Und wenn wir uns eines Tages für etwas rühmen können, wird es das sein: Cassius Clay gekannt und unterrichtet zu haben. Deswegen sage ich Ihnen: An meiner Schule wird er nicht durchfallen. Ich bin stolz, diesen Jungen unterrichtet zu haben."

Nach der engagierten Rede des Rektors erhielt Cassius im Juni 1960 sein Abschlusszeugnis. Darin stand zwar die schlechteste Beurteilung: Teilgenommen. Aber das kümmerte Cassius nicht. Hauptsache, die Schulzeit war zu Ende.

6. Kapitel

Zwei Seiten des Großmauls

Cassius war inzwischen ein sehr erfolgreicher Amateurboxer. Von seinen 108 Kämpfen hatte er 100 gewonnen und einige nationale Titel errungen. Im Unterschied zu anderen Boxern sah man seinem Gesicht die Kämpfe jedoch nicht an. Viele Mädchen schwärmten für den gut aussehenden jungen Mann mit dem muskulösen Körper. Cassius genoss die Bewunderung, aber dabei blieb es. Denn er traute sich nicht, Mädchen anzusprechen, die ihm gefielen. Trotz der großen Klappe, die er als Boxer hatte, war er sonst eher zurückhaltend und bescheiden.

Eine Ausnahme ist allerdings bekannt: Bei einer Veranstaltung in Louisville begegnete Cassius seiner ehemaligen Mitschülerin Areatha Swint. In die war er schon früher heimlich verliebt gewesen. Er nahm seinen ganzen Mut zusammen, ging auf sie zu und sagte ihr ohne Umschweife: „Du bist das schönste Mädchen, das ich je gesehen habe."

Areatha freute sich sehr über das Kompliment des Stars von Louisville. Drei Wochen lang trafen sich die beiden, dann brachte Cassius Areatha nach Hause und bat sie zum Abschied um einen Kuss. „Aber er wusste gar nicht, wie das geht. Also musste ich es ihm zeigen", erzählte Areatha später. „Als ich es tat, fiel er in Ohnmacht. Ganz ehrlich. Er machte immer Späße, daher glaubte ich, er tue nur so. Doch er schlug hart auf. Ich rannte nach oben, um ein feuchtes Tuch zu holen."

Wie beim Boxen kam Cassius auch beim Küssen wieder auf die Beine. „Es geht schon", murmelte er. „Aber das glaubt mir bestimmt keiner."

Dass ein 18-Jähriger bei seinem ersten richtigen Kuss in Ohnmacht fällt, ist ziemlich ungewöhnlich. Cassius war eben nicht der harte Bursche, den er anderen oft vorspielte.

Cassius und Areatha gingen im Sommer 1960 miteinander. Für eine gute Beziehung war er jedoch zu sehr mit dem Boxen beschäftigt – zumal wichtige Entscheidungen anstanden: Ab Ende August 1960 fanden die Olympischen Sommerspiele in Rom statt. Joe Martin wollte unbedingt, dass sein bester Mann daran teilnahm. Allerdings gab es ein Problem: Cassius hatte furchtbare Angst vor dem Fliegen. Bei seinem Flug zum olympischen Qualifikationsturnier in Kalifornien war das Flugzeug in einen heftigen Sturm geraten und gehörig durchgeschüttelt worden. Cassius hatte Todesängste ausgestanden und sich geschworen, nie mehr zu fliegen.

„Ich werde nicht in ein Flugzeug steigen und nach Rom fliegen“, verkündete er Joe Martin. „Ich pfeife auf Olympia. Lieber werde ich möglichst schnell Profi. Dann kann ich hier im Land boxen, Weltmeister werden und viel Geld verdienen.“

„Du bist ein dummer Junge und hast keine Ahnung vom Boxgeschäft“, erwiderte der Trainer. „Glaubst du, sie lassen dich um den Profititel boxen, nur weil du bei den Amateuren ein paar Kämpfe gewonnen hast?“

„Wieso ein paar?“, fragte Cassius zurück. „100 von 108 habe ich gewonnen.“

„Und wenn du 1000 gewonnen hättest, das zählt im Profigeschäft gar nichts. Das Einzige, was sie aus dem Amateurbereich beachten, ist ein Olympiasieg“, erklärte Joe Martin. „Der erste Schritt auf dem Weg zu einem Kampf um die Profiweltmeisterschaft ist die Goldmedaille bei den Olympischen Spielen. Und deswegen musst du nach Rom!“

Das leuchtete Cassius ein. „Dann werde ich mit einem Schiff fahren.“

Joe Martin schüttelte den Kopf. „Das würde viel zu lange dauern. Die Spiele wären zu Ende, bevor du in Rom ankommst.“ Vier Stunden redete der Trainer auf seinen Schüler ein, bis er ihn überzeugte.

Allerdings setzte sich Cassius am Tag der Abreise nicht einfach wie andere ins Flugzeug. Zuvor hatte er in einem Geschäft für Militärausrüstung einen Fallschirm gekauft. Den schnallte er sich auf den Rücken und trug ihn während des ganzen Fluges. Um sich zu beruhigen, sang er leise vor sich hin und störte damit die Leute, die in seiner Nähe saßen. Als das Flugzeug in Turbulenzen geriet und schaukelte, fing Cassius laut zu beten an.

Kaum war die Maschine gelandet und er hatte wieder festen Boden unter den Füßen, schien Cassius wie verwandelt. Im olympischen Dorf, wo die meisten Athleten wohnten, wurde er durch seine lockere Art und sein loses Mundwerk schnell zum Star und zum Liebling der Journalisten.

Jedem – ganz gleich, ob der es hören wollte oder nicht – erzählte Cassius, dass er die Goldmedaille und später auch den Weltmeistertitel bei den Profis holen werde. In den Zeitungen wurde er „Großmaul" und „die große Klappe von Louisville" genannt. Aber als was ihn die Journalisten bezeichneten, war Cassius egal. Hauptsache, sie schrieben über ihn und er hatte sein Publikum – wie früher in der Schule.

Cassius fand es toll, so vielen Weltklassesportlern und vor allem -sportlerinnen zu begegnen. Eine gefiel ihm besonders: die amerikanische Sprinterin Wilma Rudolph. Doch bei ihr kam er mit seiner großen Klappe nicht weiter. Sie war verlobt und gab Cassius einen Korb.

Geboxt hat Cassius in Rom natürlich auch. Seinen ersten Gegner schlug er k. o., den zweiten besiegte er glatt nach Punkten. Ebenso den dritten. Damit hatte er das Finale im Halbschwergewicht erreicht. Dort traf er auf Zbigniew Pietrzykowski. „Einer mit 21 Buchstaben in seinem Namen“, spöttelte Cassius über den Polen.

Pietrzykowski war einer der besten und erfolgreichsten Amateurboxer der Welt. Er hatte bei den Olympischen Spielen 1956 die Bronzemedaille und dreimal den Titel des Europameisters gewonnen und galt als klarer Favorit. Zudem war er Rechtsausleger. Die kämpfen anders als die meisten Boxer: Das rechte Bein steht vorne, die rechte Hand ist die Führhand, die linke die Schlaghand.

Gegen einen Rechtsausleger hatte Cassius erst einmal geboxt – und verloren! Entsprechend vorsichtig begann er den Kampf. Dagegen stürmte der Pole gleich los, um seinem Gegner zu zeigen, wer Chef im Ring war. Die erste Runde ging an ihn. Auch in der zweiten Runde sah man Cassius noch an, dass er sich mit der ungewohnten Stellung seines Gegners schwertat. Seine Bewegungen waren nicht so geschmeidig, seine Schlagkombinationen funktionierten nicht so selbstverständlich wie sonst. Obwohl er sich sehr anstrengte, schaffte er es nicht, Pietrzykowski entscheidend zu treffen.

Zu Beginn der dritten Runde war der Kampf immer noch offen. Cassius tänzelte etwas leichtfüßiger, erhöhte das Tempo, schlug mehr und härter. Plötzlich wirkte er, als wolle er sagen: „Ich bin doch nicht in ein Flugzeug gestiegen und nach Rom geflogen, um mir jetzt von dir die Goldmedaille klauen zu lassen."

Der nun folgenden Serie von Schlägen hatte der Pole nicht viel entgegenzusetzen. Er blieb zwar auf den Beinen, aber als der Gong den Kampf beendete, blutete Pietrzykowski aus Mund und Nase. Das Urteil der Punktrichter fiel einstimmig aus: Sieger nach Punkten und Gewinner der Goldmedaille war Cassius Clay.

„Ich bin der Größte!", brüllte er und streckte die Arme triumphierend in die Höhe.

Cassius Clay in Siegerpose

Doch viele Boxexperten und solche, die sich dafür hielten, waren von Cassius längst nicht so begeistert wie er von sich selbst. Man warf ihm vor, es fehle ihm an Schlagkraft und er sei kein richtiger Kämpfer. Es sehe immer so aus, als laufe er seinen Gegnern davon. Einer schrieb: „Clay hat einen hüpfenden Stil, wie ein Kiesel, den man übers Wasser schleudert. Er war gut anzusehen, aber er schien seine Gegner nur zu streifen. Dem Polen war bloß die Puste ausgegangen, weil er Clay ständig hinterherlief. Ein Boxer, der die Beine so sehr einsetzt wie Clay in Rom, riskiert in einem längeren Kampf, immer langsamer zu werden."

Trotz des Olympiasiegs gab es in der internationalen Boxwelt also viele Zweifel, dass Cassius mit seiner Art zu boxen bei den Profis erfolgreich sein würde. Doch er ließ die Kritiker reden und schwor: „Die werden sich noch wundern!"

7. Kapitel

Ein großer Empfang und ein Rauswurf

Die amerikanische Olympiamannschaft flog zurück über den Atlantik, das Flugzeug landete in New York. Cassius war in einer solchen Hochstimmung, dass er seine Flugangst anscheinend ganz vergessen hatte. „Nie schwebte einer so im Himmel wie Cassius Clay, als er mit seiner Medaille um den Hals zurückkam", schrieb der Sportreporter Dick Schaap. Und Wilma Rudolph, die drei Goldmedaillen gewonnen hatte, sagte: „Keinem war sie so wertvoll wie ihm. Nie nahm er sie ab. Wahrscheinlich schlief er auch damit."

Ein Teil der Mannschaft reiste gleich weiter, andere blieben noch einen Tag in New York. Cassius zog mit Dick Schaap durch die Stadt und freute sich wie ein Kind, wenn ihn jemand erkannte. Und dafür, dass dies möglichst oft geschah, sorgte er schon: Er trug die offizielle Olympiakleidung und auch die Goldmedaille hing noch um seinen Hals. Seine Brust war von Stolz geschwellt, sodass die Leute sie auf Anhieb sehen mussten. Cassius' Auftreten und Verhalten drückten aus: „Schaut her, ich bin Olympiasieger!"

Am nächsten Tag flog Cassius weiter nach Louisville. Mehr als 300 Fans empfingen ihren Star auf dem Flughafen mit lauten Jubelrufen. Nach einer kurzen Begrüßung wurde eine Autokolonne gebildet. Cassius saß im offenen Wagen neben dem Bürgermeister und winkte den begeisterten Menschen am Straßenrand zu. Die Fahrt ging durch die Stadt bis zu Cassius' alter Schule. Dort begrüßte ihn ein riesiges Plakat mit den Worten: „Willkommen zu Hause, Champion!"

Rektor Atwood Wilson, dem Cassius sein Abschlusszeugnis zu verdanken hatte, trat als Erster ans Mikrofon: „Wenn wir all die Anstrengungen bedenken, die unternommen werden, um das Ansehen Amerikas zu untergraben, können wir dankbar sein, dass wir einen so großartigen Botschafter wie Cassius nach Italien schicken konnten."

Nach Wilson sprach der Bürgermeister: „Unser Cassius hat Louisville Ehre gemacht. Er ist ein Vorbild für die jungen Menschen dieser Stadt."

Als Cassius endlich nach Hause zurückkehrte, sang ihm sein Vater entgegen: „Gott segne Amerika, Land, das ich liebe ..."

Viele, viele Menschen kamen, um Cassius zu sehen und ihm zu gratulieren. Und er fühlte sich wie der König von Louisville.

Aber schon ein paar Tage später erlebte Cassius wieder die andere Seite von Amerika. Er war mit seinem Bru-

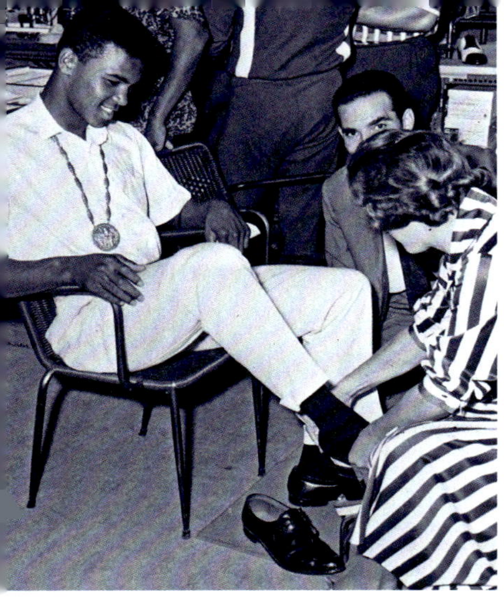

Cassius Clay mit seiner Goldmedaille

der in der Stadt unterwegs. „Ich hab Hunger“, sagte Cassius. „Dort drüben ist ein Lokal. Lass uns da was essen.“

Rudy zögerte.

„Was ist denn los?“

„Das ist doch ein Lokal für Weiße“, antwortete Rudy.

„Na und? Ich bin Olympiasieger!“, erwiderte Cassius, ging voraus in das Lokal und schaute sich nach einem freien Tisch um.

„Was wollen Sie?“, fragte der Besitzer.

„Etwas essen“, antwortete Cassius.

„Neger werden hier nicht bedient.“

„Wissen Sie überhaupt, wer das ist?“, mischte sich Rudy ein. „Das ist der Olympiasieger Cassius Clay.“

„Das ist mir völlig egal!“, giftete der Besitzer. „Er ist ein Neger und für die gibt es in meinem Lokal keinen Platz. Raus!“

Cassius begriff, dass seine Goldmedaille und all die schönen Worte am Alltag in Louisville und in ganz Amerika nichts verändert hatten. Umso mehr wollte er jetzt Profi und möglichst schnell reich werden. Aber dazu brauchte er erst einmal Geld. Also musste jemand gefunden werden, der an Cassius glaubte und bereit war, ihn finanziell zu unterstützen.

Der wohlhabende Unternehmer Billy Reynolds war dazu bereit. Ein Vertrag wurde aufgesetzt, in dem auch stand, dass Joe Martin weiterhin Trainer von Cassius sein sollte. Das passte Vater Clay nicht. Er hatte von Anfang an etwas gegen diesen Mann gehabt, vor allem, weil Martin Polizist war. Und die Polizei von Louisville hatte Clay Senior schon öfter bestraft, wenn er betrunken und gewalttätig geworden war. Da er sich als Vater berechtigt fühlte, die Karriere seines Sohnes zu leiten, wurde der Vertrag nicht unterschrieben.

Joe Martin war verletzt und äußerte sich verärgert: „Der Alte tut ja so, als hätte er die ganze Arbeit gemacht. Der hat sich doch erst um den Jungen gekümmert, als der dieses Aufsehen erregte."

Clay Senior war egal, was Joe Martin sagte. Er wollte einen anderen Trainer für Cassius.

William Faversham, ein Geschäftsmann aus Louisville, erfuhr davon, dass der Deal zwischen Billy Reynolds und den Clays geplatzt war. Er war überzeugt, Cassius würde als Profiboxer erfolgreich sein, wenn die Voraussetzungen stimmten. Also machte er sich auf die Suche nach Geldgebern. Und es gelang ihm, elf der reichsten Männer aus Louisville und ganz Kentucky für die Unterstützung von Cassius zu gewinnen.

Ein Vertrag wurde aufgesetzt, der sechs Jahre gelten sollte. Darin stand: „Cassius Clay bekommt 10 000 Dollar bei Vertragsabschluss. Er erhält zwei Jahre jeweils 4800 Dollar und weitere vier Jahre jeweils 6000 Dollar. Von sämtlichen Einnahmen innerhalb und außerhalb des Boxrings bekommt Cassius Clay eine Hälfte, die Sponsorengruppe die andere. Die Sponsorengruppe übernimmt sämtliche Kosten für Training, Reisen, Unterkunft und Verpflegung." Außerdem erhielten Cassius und sein Vater ein Mitspracherecht bei der Auswahl eines Trainers.

Das war der beste Vertrag, den ein so junger Boxer ohne einen einzigen Profikampf jemals ausgehandelt hatte. Und gleich vom ersten Geld kaufte Cassius einen pinkfarbenen Cadillac als Geschenk für seine Eltern – aber meistens fuhr er selbst damit herum.

8. Kapitel

Der richtige Trainer

Jetzt konnte endlich die Profikarriere beginnen! Auf seinen ersten Kampf wurde Cassius von Fred Stoner vorbereitet. Als Trainingspartner diente hauptsächlich Bruder Rudy. Bei ihm hatten sich die Trainer aus Joe Martins Team allerdings geirrt: Rudy war nur ein mittelmäßiger Boxer. Trotzdem wurde auch er Profi, verdiente aber nicht genug, dass es zum Leben reichte. Deswegen beendete er seine Karriere schon nach 18 Kämpfen. Sein erfolgreicher Bruder versprach, ihn finanziell zu unterstützen.

Am 29. Oktober 1960 stieg Cassius in der Freiheitshalle in Louisville zum ersten Mal als Profi in den Ring. Sein Gegner war Tunney Hunsaker. Cassius gewann klar nach Punkten. Doch die Sportjournalisten waren nicht beeindruckt. Wer es mit den besten Schwergewichtsboxern der Welt aufnehmen wolle, müsse einen 31-jährigen Durchschnittsboxer k. o. schlagen können.

Die Sponsorengruppe war der Meinung, Cassius brauche nun einen erfahrenen Trainer, der sich im Profigeschäft auskannte. Er sollte ihrem Schützling alles beibringen, was ihn zu einem Weltklasseboxer machen würde. Die Wahl fiel auf Archie Moore. Der war mit knapp 44 Jahren immer noch Weltmeister im Halbschwergewicht und leitete ein Trainingscamp in der Nähe von San Diego. Die Clays waren mit Archie Moore ebenfalls einverstanden. Also reiste Cassius nach San Diego.

Archie Moore wollte seine Schüler nicht nur zu guten Boxern ausbilden, sondern ihnen auch die Flausen austreiben und sie Disziplin lehren. So mussten sie im Camp überall mit anpacken, wo es etwas zu tun gab. Zu den Aufgaben gehörten Holzhacken, Putzen, Kochen und Abspülen.

Das passte Cassius überhaupt nicht. „Archie, ich bin nicht hergekommen, um Geschirr zu spülen!"

„Du machst hier das, was ich für richtig halte und was alle machen", stellte Moore klar.

„Ich spüle nicht ab wie eine Frau", erwiderte Cassius. „Ich will trainieren, sonst nichts."

„Es ist ja lobenswert, dass du so fleißig trainierst", sagte Moore. „Aber du hast noch viel zu lernen, bevor du ein Champion wirst."

„Ein Champion muss nicht Geschirr spülen können", gab Cassius trotzig zurück.

Auch beim Boxen kam es zu Auseinandersetzungen zwischen den beiden. Cassius glaubte, Moore wolle sei-

Archie Moore und Cassius Clay

nen Stil ändern. „Ich möchte nicht boxen wie du“, sagte er.

„Ich bin seit acht Jahren Weltmeister. Also kann es wohl nicht ganz falsch sein, wie ich boxe“, konterte Moore.

„Dein Stil passt zu dir, aber nicht zu mir“, behauptete Cassius. „Ich will boxen wie ich und dabei noch besser werden.“

Bald war klar, dass die Zusammenarbeit nicht funktionierte. Moore rief Faversham in Louisville an und bat ihn, Cassius abzuholen.

„Wenn ich Sie richtig verstehe, braucht der Junge einfach mal eine Tracht Prügel“, sagte Faversham.

„Ganz bestimmt“, antwortete Moore. „Aber ich weiß nicht, wer ihm die verabreichen sollte.“

Also musste sich Faversham wieder auf die Suche nach einem Trainer machen. Bekannte schlugen ihm Angelo Dundee vor. Der betrieb zusammen mit seinem Bruder Chris in Miami eine Boxschule. Man wurde sich rasch einig und schon am 19. Dezember 1960 traf Cassius in Miami ein. Dort wohnte er in einem Hotel. Zum ersten Mal lebte er nun allein. Und von Anfang an verstanden sich Cassius und Angelo Dundee gut.

Der Trainer war beeindruckt vom Fleiß seines neuen Schützlings. „Er will immer nur trainieren und kämpfen, trainieren und kämpfen."

Anders als Archie Moore erkannte Angelo Dundee schnell, wie er mit dem Neuen arbeiten musste, um ihn besser zu machen. Cassius war sehr von sich und seinen Fähigkeiten überzeugt. Wenn man ihn kritisierte oder an seiner Art zu boxen etwas ändern wollte, wurde er bockig. Deshalb schlug der kluge, einfühlsame Dundee einen anderen Weg ein. „Mit so einem Jungen kann man nur auf eine einzige Art umgehen: mit umgekehrter Psychologie. Will man ihm etwas beibringen, tut man einfach so, als sei es ursprünglich seine eigene Idee gewesen."

Im Training machte Dundee das äußerst gewitzt. „Deine Aufwärtshaken gefallen mir heute besonders", lobte er Cassius zum Beispiel.

„Hä?", fragte der verwundert, weil er sich gar nicht bewusst war, dass er Aufwärtshaken geschlagen hatte.

„Ja, wie du dein linkes Knie vorgedrückt und dann mit deiner Schlaghand blitzschnell von unten das Kinn getroffen hast, war toll! Mit diesem Schlag wirst du noch manchen Gegner auf die Bretter schicken."

Cassius freute sich über das Lob – und trainierte von da an diesen Schlag.

Der Trainer lächelte zufrieden. Natürlich hatte es überhaupt keinen Aufwärtshaken gegeben. Aber er wollte unbedingt, dass Cassius einen solchen Schlag übte.

Angelo Dundee und Cassius Clay

Auf diese Art gelang es Dundee, Cassius zu lenken und an seinen Schwächen zu arbeiten, ohne ihn zu verärgern. Bei neuen Techniken war Cassius immer der Meinung, er habe das selbst so gewollt.

Dass Dundees Methode ausgezeichnet funktionierte, zeigt eine Aussage von Cassius: „Angelo Dundee mag ich, ich komme gut mit ihm aus. Der kommandiert mich nie rum, sagt mir nie, was ich tun und wie ich boxen soll. Ich mach, was ich will. Ich bin frei. Und er ist ein netter Kerl." So klappte die Zusammenarbeit hervorragend.

Cassius gewann drei Kämpfe gegen zweitklassige Gegner. Die Journalisten mäkelten immer noch an seinem Stil herum. Das änderte sich im März 1961. Da kam der Schwede Ingemar Johansson nach Florida, um gegen den Schwergewichtsweltmeister Floyd Patterson zu boxen. Sie hatten schon zweimal gegeneinander gekämpft – einmal hatte Johansson gewonnen, einmal Patterson. Nun wollte sich der Schwede den Titel zurückholen.

Zur Vorbereitung wurde ein geeigneter Sparringspartner gesucht. Die Wahl fiel auf Cassius. Er freute sich riesig, mit einem Mann im Ring zu stehen, der vor einem Jahr noch Weltmeister gewesen war und in einigen Tagen erneut um den Titel boxen würde. Auch wenn es sich um keinen offiziellen Kampf, sondern nur um drei Sparringsrunden handelte. Immerhin fand das Ganze öffentlich statt.

Und Cassius nutzte seine Chance: Er bewegte sich noch flinker als früher, feuerte seine Schläge ab und war schon wieder außer Reichweite, wenn Johansson zuschlug. Der tappte unbeholfen hinter Cassius her. Cassius wurde übermütig und rief dem Schweden zu: „Ich müsste eigentlich gegen Patterson kämpfen, nicht du!“ Nach zwei Runden brach Johanssons Trainer die Vorstellung ab.

Ein Sportjournalist berichtete über den Kampf: „Hier war ein Mann, eigentlich noch ein Junge mit gerade einmal vier Profikämpfen, und der blamierte Johansson nach Strich und Faden. So etwas hatte ich bis dahin noch nie erlebt. Ich bin sicher: Ich habe den zukünftigen Weltmeister im Schwergewicht gesehen.“

9. Kapitel

Das Geheimnis

Cassius hatte ein Geheimnis: Seit zwei Jahren beschäftigte er sich mit der *Nation of Islam*, auch als *Black Muslims* bekannt. Bei einem Turnier in Chicago hatte er 1959 zum ersten Mal von dieser Gruppe gehört. Sie gab eine Zeitung heraus, die *Muhammad Speaks*. In der wurde die Lehre ihres Anführers Elijah Muhammad verbreitet. Cassius las gelegentlich eine Ausgabe und besuchte hin und wieder eine Versammlung. Da predigte man, Weiße seien blauäugige Teufel, die Schwarze unterdrückten. Schwarze hätten aber keinen Grund, sich minderwertig zu fühlen. Im Gegenteil, alle schwarzen Menschen sollten stolz darauf sein, dass sie der schwarzen Rasse[2] angehören. Es sei endlich an der Zeit, Selbstachtung zu zeigen und sich von der weißen Herrschaft zu befreien.

Neben solchen Lehren beeindruckte Cassius besonders, dass Alkohol, Drogen und Nikotin abgelehnt wurden. Das entsprach ja seiner Lebensweise. Aber noch war er nicht so weit, der Gruppe beizutreten. Denn das Boxen ließ ihm wenig Zeit für die Beschäftigung mit religiösen und gesellschaftlichen Fragen.

2 Der Begriff „Rasse" gilt heute als überholt. Hier wird er ausnahmsweise verwendet, um die Argumentation und Ideologie der *Nation of Islam* zu veranschaulichen.

In Miami war Cassius an einem Nachmittag im Dezember 1961 nach dem Training mit Freunden unterwegs. Sie trafen auf eine Menschenansammlung, die einem schwarzen Redner lauschte, der über Elijah Muhammad und die *Nation of Islam* sprach. Cassius blieb stehen und hörte zu. Da wandte sich der Redner an ihn und sagte: „Mein Bruder, möchtest du unsere Zeitung *Muhammad Speaks* kaufen, damit du etwas über deinesgleichen lesen kannst? Hier erfährst du die ganze Wahrheit über deine Geschichte, deine wahre Religion und deinen wahren Namen, bevor man dir in der Sklaverei den Namen des weißen Mannes gab." Cassius kaufte die Zeitung und ging weiter.

Einige Tage später besuchte er erneut eine Versammlung der *Nation of Islam*. Dort predigte ein Mann, der als Bruder John bekannt war. „Warum nennt man uns Neger?", fragte er. „Seht ihr einen Chinesen kommen, dann wisst ihr, er ist aus China. Seht ihr einen Kubaner kommen, dann wisst ihr, er ist aus Kuba. Seht ihr einen Kanadier kommen, dann wisst ihr, er ist aus Kanada. Doch welches Land heißt Neger?" Bruder John gab selbst die Antwort: „Keines. Indem uns der weiße Mann aber Neger nennt, macht er uns heimatlos. Wir sind für ihn keine Amerikaner, sondern eben Neger. Die Weißen nehmen uns auch die Namen unserer Vorfahren und geben uns Sklavennamen. So wollen sie unsere Herkunft und unsere Geschichte auslöschen."

Cassius wusste natürlich, dass Schwarze es in Amerika aufgrund ihrer Hautfarbe schwer hatten. Ihm war bewusst, dass sie oft ungerecht und schlecht behandelt wurden. Doch er hatte sich bisher keine Gedanken über die tieferen Ursachen gemacht. Er war kein Theoretiker und kein Denker. Aber Bruder Johns Worte beeindruckten ihn sehr. „Das leuchtete mir ein. Was Bruder John sagte, konnte ich mit Händen greifen. Es war nicht wie Kirchenunterricht, wo ich daran glauben musste, dass das, was der Pfarrer predigte, richtig war. Und ich sagte mir: Cassius Marcellus Clay. Das war ein weißer Mann aus Kentucky, dem mein Ururopa gehörte und der meinen Uropa nach sich benannte. Und dann wurde mein Opa so genannt und dann mein Daddy und jetzt heiße ich so."

Von da an beschäftigte sich Cassius mehr mit solchen Fragen und der *Nation of Islam*. Und es dauerte nicht lange, bis er zum islamischen Glauben wechselte. Doch das tat er heimlich, noch erfuhr die Öffentlichkeit nichts davon.

10. Kapitel

Am Ziel

Obwohl in der *Nation of Islam* gegen die Weißen gepredigt wurde, hielt Cassius an Angelo Dundee und seinem Arzt Ferdie Pacheco fest, beides weiße Männer. Denn er war überzeugt, dass sie ihm helfen würden, Weltmeister zu werden. Das war für ihn immer noch wichtiger als alles andere.

Seit dem Sparringskampf gegen Ingemar Johansson hatte Cassius zehn Kämpfe bestritten und alle gewonnen, achtmal durch K. o. Doch seine bisherigen Gegner gehörten nicht zur Weltspitze im Schwergewicht.

Dann kam es am 15. November 1962 zu einem interessanten Kampf, auf den sich Cassius besonders freute. Sein Gegner war Archie Moore, inzwischen fast 46 Jahre alt und eine Legende im Boxsport. Cassius wusste, dass diese Begegnung ihm mehr Aufmerksamkeit und Geld einbringen würde als seine vorangegangenen Kämpfe. Schon im Vorfeld prahlte er damit, was er sich mit diesem Geld kaufen werde. Und er sagte einen K. o. in der vierten Runde voraus.

„Ich falle nur dann in der vierten Runde, Cassius, wenn ich über deinen ausgestreckten Leib stolpere“, konterte Moore.

„Wenn ich verliere, krieche ich durch den Ring und küsse dir die Füße", gab Cassius zurück. „Danach verlasse ich das Land."

Seine große Klappe machte Cassius immer unbeliebter. Die Presse warf ihm flegelhaftes Verhalten, Größenwahn und Selbstverliebtheit vor. Doch das störte ihn nicht. Hauptsache, der Rummel um ihn füllte die Halle und ließ die Kasse klingeln. Auch dass viele Leute bloß kamen, um ihn verlieren zu sehen, kümmerte ihn nicht.

Die Sportarena in Los Angeles war bis auf den letzten Platz besetzt. Obwohl Moore der erfahrenste aller Boxer war und als Schlitzohr galt, hatte er gegen Cassius keine Chance. Schon am Ende der zweiten Runde duckte er sich tiefer und tiefer und landete keinen Treffer mehr. In der dritten Runde hing er nach einem Schlag aufs Kinn wehrlos in den Seilen. Cassius setzte nicht nach, weil er den K.-o.-Sieg für die vierte Runde vorausgesagt hatte. Diese Ankündigung wollte er einlösen und tat es auch gnadenlos. „Jetzt werde ich gegen Sonny Liston kämpfen!", rief er nach seinem Triumph in die Mikrofone. „Und ich werde ihn in acht Runden erledigen!"

Sonny Liston war seit zwei Monaten Weltmeister. Er galt als der härteste Schläger und hatte Floyd Patterson im Titelkampf nach 126 Sekunden auf die Bretter geschickt. Das beeindruckte Cassius nicht. Im Gegenteil, es reizte ihn nur noch mehr. Aber er musste sich gedulden. Zuerst hatte Patterson das Recht auf Revanche. In der Zwischenzeit bestritt Cassius drei weitere Kämpfe, um in Form zu bleiben und Geld zu verdienen.

Einmal fragte er Faversham: „Wie viel bekommen wir für den Kampf?"

„35 000 Dollar."

„Und wie viel kriege ich davon?"

Faversham wunderte sich. „Du bekommst die Hälfte, das weißt du doch."

Cassius sah ihn fragend an.

Da begriff Faversham, dass er 35 000 nicht durch zwei teilen konnte. „Du erhältst 17 500 Dollar. Zufrieden?"

Cassius lächelte.

Zu einem der drei Kämpfe musste der Boxer fliegen. Das tat er nach wie vor ungern, aber seine Sponsoren waren der Meinung, es müsse eben sein. Sie hatten den Briten Henry Cooper als Gegner ausgesucht. Der Kampf sollte im Londoner Wembley-Stadion vor 55 000 Zuschauern stattfinden.

Gleich nach der Landung riss Cassius die Klappe wieder weit auf: „Henry Cooper ist für mich ein Nichts. Wenn diese Pfeife fünf Runden durchhält, werde ich 30 Tage lang nicht in die Vereinigten Staaten zurückkehren, und das gilt."

Beim Wiegen vor dem Kampf trieb er es noch weiter: „England hat eine Königin, aber es müsste einen

König haben." Dann zog er eine Pappkrone hervor, setzte sie sich auf und rief: „Ich bin der König!"

Sollten ihm in England überhaupt Sympathien gegolten haben, hatte er sie damit endgültig verspielt.

Der Kampf begann anders als die bisherigen. Cooper gelangen schon in der ersten Runde ein paar wirkungsvolle Treffer. Cassius blutete aus der Nase. Auch die zweite Runde ging an den Briten. In der dritten verpasste Cassius seinem Gegner dann eine Platzwunde über dem linken Auge, sodass der nun blutete.

Der Kampf wogte hin und her, da traf Cooper kurz vor Ende der vierten Runde mit einem gewaltigen linken Haken Cassius' Kinn. Der landete auf dem Hintern. Er stand zwar rasch wieder auf den Beinen, war aber benommen. Das Publikum johlte vor Begeisterung und schrie nach dem K. o. Doch bevor Cooper nachsetzen konnte, beendete der Gong die Runde.

Cassius stolperte in seine Ecke und ließ sich schwer auf den Hocker plumpsen. Angelo Dundee sah den leeren Blick seines Schützlings und hielt ihm Riechsalz unter die Nase. Ein Betreuer fuhr ihm mit einem nassen Schwamm über den Kopf und schüttete ihm Eiswürfel in die Hose. Der Trainer befürchtete, die 60 Sekunden Pause würden nicht reichen, um Cassius fit zu bekommen. Da entdeckte er einen kleinen Riss an einem Handschuh und hatte eine Idee: Er steckte den Finger hinein, machte den Riss größer und rief den

Ringrichter. Dieser Handschuhtrick verschaffte Cassius zusätzlich Zeit, sich zu erholen.

Als die fünfte Runde begann, war Cassius wieder im vollen Besitz seiner Kräfte und prügelte seinen Gegner durch den Ring, dass der einem leidtun konnte. Nach 75 Sekunden stoppte der Ringrichter den Kampf, um Cooper vor weiteren Schlägen zu schützen. Damit war Cassius Sieger durch technischen K. o. und durfte nun gegen Weltmeister Sonny Liston antreten.

Wie immer versuchte Cassius im Vorfeld, den Gegner zu provozieren, zu demütigen und lächerlich zu machen. Er nannte ihn „Trottel" und „großer, hässlicher Bär". Außerdem erzählte er jedem, dass Liston ein Krimineller sei, der erst im Gefängnis mit dem Boxen begonnen habe. Und er verspottete Liston, weil der Analphabet war – dabei hatte Cassius beim Lesen und Schreiben ja selbst Probleme.

So groß seine Klappe auch war – die Sportjournalisten und die Boxexperten waren der Meinung, Cassius sei noch zu jung und unerfahren, um gegen Liston zu gewinnen. Viele wünschten ihm, dass er endlich mal Prügel bekam. In der Zeitung *New York Times* stand: „Dem Großmaul aus Louisville werden seine Angebereien von einer prallen Faust, die Sonny Liston gehört, in den Hals gestopft."

Selbst in Cassius' Umfeld glaubten längst nicht alle an seinen Sieg. Ein Mitglied der Sponsorengruppe gab später zu: „Bis zur letzten Minute war ich davon überzeugt, dass Cassius Liston unmöglich schlagen konnte. Und als es daran ging, die Verträge aufzusetzen, orientierte ich mich ganz daran, dass dies sein letzter Kampf sein würde. Ich betete immer nur darum, dass Cassius nicht ernsthaft verletzt würde."

Am Abend des 25. Februar 1964 war es endlich so weit: Das größte Spektakel der Sportgeschichte wurde live in den Kinos übertragen. Weltweit saßen 180 Millionen Menschen vor den Fernsehgeräten. Der Kampf begann anders, als es die meisten erwartet hatten. Liston feuerte zwar 45 Schläge ab, traf den Herausforderer aber bloß sechsmal und das nicht voll. Denn Cassius wich blitzschnell aus und nahm den Schlägen so die Wucht.

Das überraschte Liston genauso wie das Publikum. Zum ersten Mal seit mehr als zwei Jahren überstand ein Gegner gegen den Mann mit dem härtesten Schlag die erste Runde. Und selbst als Liston in Runde zwei und drei mit seiner gefürchteten rechten Geraden Kopf und Körper traf, fiel Cassius nicht. Das konnten der Champion und die Zuschauer nicht fassen.

Dann geschah etwas Eigenartiges: Gegen Ende der vierten Runde

Cassius Clay weicht Listons Schlägen aus

wischte sich Cassius mehrfach mit den Handschuhen übers Gesicht. Er blinzelte, kniff die Augen zu und rettete sich mühsam in die Pause. Auf seinem Hocker sagte er: „Da ist was in meinen Augen. Ich seh nichts mehr. Schneid mir die Handschuhe auf, wir gehen nach Hause."

„Bist du verrückt?", schnauzte ihn Angelo Dundee an. „Es geht um den Weltmeistertitel! Niemand haut ab. Geh in den Ring und lauf, bis du wieder klar sehen kannst!" Er wischte mit einem nassen Schwamm ein paarmal über Cassius' Gesicht, zog ihn nach dem Gong hoch und schubste ihn in den Ring.

Cassius nahm die Fäuste zur Deckung hoch und versuchte, die Runde vor allem mit Klammern zu überstehen. Obwohl er zahlreiche Treffer einstecken musste, gelang ihm das. In der nächsten Pause spülte Dundee Cassius' Augen mit so viel Wasser aus, dass der wieder freie Sicht hatte.

Je länger der Kampf dauerte, desto mehr zeigte sich, dass Cassius viel fitter war als der Weltmeister. Dieser hatte nicht mit einem derart harten Fight gerechnet und deswegen längst nicht so intensiv trainiert wie Cassius. Das rächte sich nun. Der Herausforderer tänzelte in der sechsten Runde aufs Neue leichtfüßig durch den Ring, ganz nach seinem Motto: „Schwebe wie ein Schmetterling, stich wie eine Biene." Dagegen wurde der Champion immer schwerfälliger.

Cassius Clay freut sich über seinen Sieg

In der Pause nach der sechsten Runde legten die Betreuer Eis auf Listons geschwollene Augen und massierten seine linke Schulter. Nach dem Gong sprang Cassius auf und wartete tänzelnd auf seinen Gegner. Doch der blieb zur Überraschung aller auf seinem Hocker sitzen. Cassius riss die Arme hoch und brüllte wieder und wieder: „Ich bin der König! Ich bin der König! Ich bin der Größte! Ich habe die Welt erschüttert! Ich bin der Größte! Ich bin der König der Welt!"

Endlich hatte Cassius sein Ziel erreicht: Er war Weltmeister im Schwergewicht!

11. Kapitel

Aus Cassius Clay wird Muhammad Ali

Auf der Pressekonferenz am nächsten Morgen überraschte Cassius alle Journalisten durch sein Auftreten. Vor ihnen saß nicht das Großmaul, das sie erwartet hatten, sondern ein netter junger Mann, der ihre Fragen ruhig und sachlich beantwortete.

„Wie fühlen Sie sich?“, wollte ein Reporter wissen.

„Sehr gut. Ich habe mir und Ihnen bewiesen, was ich kann. Deswegen ist die Zeit der großen Reden jetzt vorbei.“

„Gegen wen werden Sie als Nächstes boxen?“, erkundigte sich ein anderer.

„Das weiß ich nicht“, antwortete Cassius und fügte hinzu: „Ich kämpfe nur, um meinen Lebensunterhalt zu verdienen, und wenn ich genug Geld habe, höre ich auf. Ich kämpfe nämlich nicht gern. Ich werde nicht gern verletzt. Ich verletze nicht gern andere. Liston tut mir leid.“

„Dann war ihr lautes und angeberisches Verhalten vor den Kämpfen nur Show?“

Cassius nickte. „Das gehörte zu meinem Plan, damit Sie über mich schreiben und viele Leute zu den Kämpfen kommen. Und natürlich wollte ich damit auch meinen Gegner verunsichern und nervös machen."

„Finden Sie das nicht unsportlich und unfair?"

„Nein, das ist Teil des Boxgeschäfts."

Nach etwa einer Stunde fragte ein Reporter: „Stimmt es, dass Sie Mitglied der *Black Muslims* sind?"

Mit dieser Frage änderte sich die Stimmung. Cassius mochte den Begriff *Black Muslims* nicht. In der *Nation of Islam* wurde er abgelehnt. Deswegen reagierte er etwas gereizt: „*Black Muslims* ist ein Pressewort. Der wirkliche Name lautet ‚Islam' und bedeutet ‚Frieden'. Ich glaube an Allah und den Frieden. Als ich getauft wurde, war ich zwölf, da wusste ich nicht, was ich tat. Ich bin kein Christ mehr. Ich weiß, wohin ich gehe, und ich kenne die Wahrheit. Ich muss nicht so sein, wie Sie mich haben wollen. Ich bin frei, derjenige zu sein, der ich sein will."

Es rumorte im Saal. Solche Sätze hatte noch kein schwarzer Boxer gesagt. Auf weitere Fragen dazu antwortete Cassius nicht.

Aber gleich am nächsten Tag legte er nach und machte deutlich, wie er die Dinge sah: „Der Islam ist eine Religion und auf der ganzen Welt gibt es 750 Millionen Menschen, die daran glauben, und ich bin einer davon. Die Anhänger Allahs wollen nur in Frieden mit der ganzen Welt leben. Sie hassen niemanden. Sie wollen keine Unruhe stiften."

Obwohl Cassius sich nun zur *Nation of Islam* bekannte, war er nicht bereit, Weiße als blauäugige Teufel zu sehen und sie zu hassen. Auch gegenüber dieser Gruppe galt sein Satz: „Ich bin frei, derjenige zu sein, der ich sein will.“ Seiner Meinung nach sollten schwarze und weiße Menschen sich jedoch nicht vermischen, sondern getrennt voneinander leben. Das sei besser für beide Seiten. „In der Wildnis leben Löwen mit Löwen, Tiger mit Tigern, Rotkehlchen halten sich an Rotkehlchen und Blaumeise bleibt bei Blaumeise.“

An jenem Tag sagte Cassius den Reportern zum Schluss: „Ich bin kein Unruhestifter. Ich bin ein guter Junge. Ich habe noch nie Unrecht getan. Ich war noch nie im Gefängnis. Ich liebe die Weißen. Ich mag mein Volk. Beide können zusammen leben, ohne die Rechte des anderen zu verletzen. Sie können niemanden verurteilen, nur weil er Frieden will. Wenn Sie das tun, verurteilen Sie auch den Frieden selbst.“

Die meisten nahmen Cassius seinen Übertritt zum Islam übel. In den Medien wurde er scharf kritisiert und beschimpft. Die Unterstützer der Bürgerrechtsbewegung, die die Rassentrennung abschaffen wollten, waren über Cassius’ Vergleich mit den Tieren entsetzt. Ihr bekanntester Sprecher Martin Luther King meinte: „Meiner Ansicht nach sollte Cassius Clay mehr Zeit darauf verwenden, sein Können als Boxer zu beweisen, und dafür weniger reden.“ Doch niemand konnte Cassius von seinen Überzeugungen abbringen. Auch in Glaubensfragen ging er seinen eigenen Weg.

Am 6. März 1964 verkündete Elijah Muhammad, der Anführer der *Nation of Islam*: „Der Name Clay hat keine göttliche Bedeutung. Ich werde ihm den Namen Muhammad Ali geben, solange er an Allah glaubt und mir folgt."

Cassius' Eltern waren wütend. „Sie haben unentwegt auf ihn eingehämmert und ihn Gehirnwäschen unterzogen, seit er 18 Jahre alt ist", schimpfte sein Vater. „Man sollte diese *Black Muslims* aus dem Land jagen, bevor sie noch andere anständige junge Leute verderben."

Odessa Clay warf Elijah Muhammad und seinen Leuten vor, sie hätten ihrem Sohn gesagt, er solle sich von seiner Familie fernhalten. „Diese Muslims mögen mich nicht, weil ich zu hellhäutig bin", meinte sie.

Aber wie sehr sich auch alle aufregten, sie konnten nichts daran ändern, dass es Cassius Marcellus Clay Junior nicht mehr gab. Aus ihm war Muhammad Ali geworden. Gemeinsam mit ihm schloss sich sein Bruder Rudy der *Nation of Islam* an und nannte sich Rahman Ali.

Rahman und Muhammad Ali mit Elijah Muhammad

Zum wichtigsten Begleiter und Ratgeber der beiden wurde ein

Mann, der sich Malcolm X nannte. Er hieß in Wirklichkeit Malcolm Little und hatte sieben Jahre im Gefängnis gesessen. Während seiner Haft hatte er viel über Philosophie und Geschichte gelesen und sich der *Nation of Islam* angeschlossen. Nach seiner Entlassung 1952 gewann er schnell das Vertrauen von Elijah Muhammad, auch wenn sich die beiden später zerstritten. Weil Malcolm X ein guter Redner war, stieg er zum zweiten Mann der *Nation of Islam* auf und wurde der bekannteste Sprecher der Organisation.

Muhammad Ali und Malcolm X

12. Kapitel

Neue Wege

Boxen und Glaube waren nicht alles im Leben von Muhammad Ali: Anfang Juli 1964 lernte er die hübsche Sonji Roi kennen und verliebte sich Hals über Kopf. Sie hatte schon reichlich Erfahrung mit Männern und einen vierjährigen Sohn. Doch das störte Ali nicht. Er war hingerissen von ihr und machte der jungen Frau gleich am ersten Tag einen Heiratsantrag. Die beiden wurden unzertrennlich, für Ali schien es nur noch Sonji zu geben.

Das sahen die Muslime in seinem Umfeld gar nicht gern. Denn die junge Frau kleidete sich modern, schminkte sich und entsprach überhaupt nicht dem Frauenbild, das in der *Nation of Islam* gepredigt wurde. Ali wusste das natürlich, trotzdem konnte er nicht von Sonji lassen.

Seine Trainer, Betreuer und Sponsoren hatten Sorge, dass er vor lauter Sonji das Training vernachlässigte. Doch egal, wer alles etwas gegen seine neue Freundin vorbrachte, Ali ließ sich nicht beschwatzen. Und schon wenige Wochen nach ihrer ersten Begegnung heirateten die beiden am 14. August 1964.

Kurze Zeit später vereinbarten Alis Manager den Rückkampf gegen Sonny Liston für den 16. Novem-

Sonji Roi und Muhammad Ali

ber. Statt seine junge Ehe zu genießen, musste Ali nun regelmäßig trainieren. Er hatte einige Kilo zugenommen – und zwar keine Muskeln. In dieser Verfassung durfte er nicht zu Liston in den Ring steigen, das war Ali klar. Also quälte er sich, um wieder seine Bestform zu erreichen.

Das war nötig, denn im Trainingscamp wusste man, dass Liston sich auf diesen Kampf viel intensiver vorbereitete als auf den ersten. Damals hatte er den jungen Herausforderer nicht ernst genommen. Diesmal stellte er sich auf einen harten Fight ein und trainierte entsprechend.

Für die meisten Journalisten war Liston erneut der Favorit. Bei der ersten Begegnung sei er an der Schulter verletzt gewesen, jetzt aber fitter als je zuvor. Auch die Mehrheit der Experten und Boxfans tippte auf einen Sieg von Liston.

Drei Tage vor dem Duell spürte Ali plötzlich starke Schmerzen im Unterleib. Man brachte ihn ins Krankenhaus, wo die Ärzte einen eingeklemmten Leistenbruch feststellten. Er wurde sofort operiert.

Als Liston erfuhr, dass der Kampf verschoben werden musste, schäumte er vor Wut: „Dieser blöde Idiot!", rief er. „Dieser blöde Idiot!" Da hatte er so hart trainiert wie noch nie – und nun lag der Gegner im Krankenhaus. Der Rückkampf wurde für den 25. Mai 1965 festgesetzt.

In der jungen Ehe begann es schon bald zu kriseln. Sonji wollte nicht in allem den islamischen Vorschriften folgen. Sie trug nach wie vor modische Kleidung und Make-up. Deswegen stritt sie sich oft mit ihrem Mann.

Je näher der Kampf rückte, desto weiter schob Ali die Probleme mit seiner Frau beiseite. Er wollte gut trainieren und sich auf Liston konzentrieren.

Am Tag des Rückkampfs war Ali muskulöser und stärker denn je. Als er in den Ring stieg, wurde er lautstark ausgebuht. Die Mehrheit des Publikums fand seinen Wechsel zum Islam unverzeihlich und tat dies mit Pfiffen und Rufen kund. Doch Ali beachtete sie nicht. Selbstbewusst begann er nach einem kurzen Gebet die erste Runde. Blitzschnell feuerte er die Schläge ab, dann tänzelte er rückwärts und wich Listons Fäusten wie im vorherigen Kampf aus.

Plötzlich stürmte Liston vorwärts und versuchte, mit einer linken Geraden Alis Kinn zu treffen. Ali sprang zurück, der Schlag ging ins Leere und Liston war einen Moment ohne Deckung. Da schnellte Ali nach vorn und schoss eine Rechte an Listons Schläfe. Der stürzte vornüber zu Boden.

Die meisten Zuschauer in der Halle und an den Bildschirmen in aller Welt hatten den K.-o.-Schlag gar nicht gesehen. Auch Ali selbst war überrascht, dass Liston liegen blieb. Er stellte sich über ihn und schrie: „Steh auf und kämpfe, du Feigling!"

Muhammad Ali besiegt Sonny Liston

Schnell wurde von einem „Phantom-Schlag“ geredet. Man glaubte, Sonny Liston habe sich einfach hingelegt, weil er sich nicht stark genug fühlte, um Ali zu besiegen. Wie auch immer, Ali hatte seinen Titel verteidigt und war weiterhin Weltmeister.

Außerhalb des Rings hatte Ali jedoch eine Menge Probleme. Seine Frau weigerte sich nach wie vor, sich wie eine strenge Muslimin zu verhalten. Da reichte er die Scheidung ein. Danach verkündete er: „Wenn ich das nächste Mal heirate, wird es ein 17- oder 18-jähriges Mädchen sein – eine, die ich mir so erziehen kann, wie ich sie haben will.“

Sonji behauptete: „Sie haben meinem Mann den Verstand gestohlen.“ Mit „sie“ meinte sie Elijah Muhammad und seine Männer.

Und tatsächlich wurde deren Einfluss auf Alis Denken und Handeln immer größer. Sie brachten ihn auch dazu, den für ihn vorteilhaften Vertrag mit seiner Sponsorengruppe zu lösen. Ein Sponsor kommentierte das mit den Worten: „Ali wird jetzt offensichtlich vollständig von den *Muslims* dominiert.“

13. Kapitel

Schwere Zeiten

Als Muhammad Ali noch Cassius Clay hieß, musste er wie alle jungen Männer zur Musterung für den Militärdienst und man überprüfte seine körperlichen und geistigen Fähigkeiten. Körperlich bestand er glänzend, aber mit den schriftlichen Tests war er völlig überfordert. „Bei den meisten Fragen wusste ich nicht nur nicht die Antwort, ich verstand schon die Frage nicht", gab er zu – so wie in der Schule. Die Musterungskommission bewertete seinen IQ mit 78. Damit galt er für die Armee als untauglich.

Am 17. Februar 1966 wurde dieser Bescheid aufgehoben und Ali als „tauglich für den Militärdienst" eingestuft.

Ali war empört. „Wieso haben sie das mit mir gemacht – dem Weltmeister im Schwergewicht?" – Weil die Kommission ihn in diesem Fall gleich behandelte wie andere junge Amerikaner. Die USA führten Krieg in Vietnam und brauchten dafür mehr Soldaten.

Die Reporter bestürmten Ali. Sie wollten von ihm wissen, wie er zum Vietnamkrieg stehe und ob er für sein Land kämpfen werde. Leicht gereizt antwortete er: „Ich habe keinen Ärger mit dem Vietcong."

Dieser Satz geisterte in den nächsten Tagen durch die Medien. Und überwiegend interpretierte man ihn so, dass Ali nicht in Vietnam kämpfen wolle. Das bestätigte er auch: „Warum soll ich gegen Menschen am anderen Ende der Welt kämpfen, die mir nichts getan haben? Kein Vietcong hat mich jemals Nigger genannt."

Daraufhin wurde er heftig beschimpft und zum meistgehassten Mann im Land – jedenfalls bei der weißen Bevölkerung. Dagegen sah ein Großteil der Schwarzen ihn immer mehr als Helden.

Alis Berater und Rechtsanwälte versuchten bei den Behörden mit allen Mitteln zu erreichen, dass er seinen Militärdienst im Land leisten konnte und nicht nach Vietnam musste. Doch Ali lehnte diese „Hinterzimmergeschäfte" ab. Er wollte aus religiösen Gründen als Kriegsdienstverweigerer anerkannt werden. Über ein Jahr wurde verhandelt, aber es kam zu keiner Einigung. In dieser Zeit verteidigte Ali seinen Titel siebenmal.

Am 28. April 1967 musste Ali in der Einberufungsbehörde erscheinen. Dort teilte ihm ein Offizier mit: „Die Strafe für Wehrdienstverweigerung beträgt fünf Jahre Haft sowie eine Geldbuße. Ist Ihnen das bewusst?"

Ali nickte.

„Und Sie wollen trotzdem verweigern?"

„Ja, das will ich." Schriftlich erklärte er: „Ich weigere mich, in die Armee der Vereinigten Staaten einzutreten, weil ich als Prediger der islamischen Religion beanspruche, davon befreit zu werden."

Schon eine Stunde später wurde Ali der Weltmeistertitel aberkannt und die Boxlizenz entzogen. Bald darauf verhängte ein Gericht, das nur aus weißen Männern bestand, die Höchststrafe über ihn: fünf Jahre Gefängnis und 10 000 Dollar Geldstrafe. Seine Rechtsanwälte legten Berufung gegen das Urteil ein. Sie bezahlten eine Kaution in Höhe von 5000 Dollar, damit Ali die Strafe nicht gleich antreten musste, sondern erst einmal in Freiheit bleiben konnte. Dennoch musste er seinen Reisepass abgeben und durfte das Land nicht verlassen.

Ali war 25 Jahre alt, der beste Boxer und der berühmteste Sportler der Welt. Er hatte noch vielversprechende Jahre im Ring vor sich. Und jetzt durfte er seinen Beruf nicht mehr ausüben. Das war eine harte Strafe und der Beginn einer schweren Zeit.

Um Geld zu verdienen, fing Ali an, Vorträge über religiöse Themen, die Geschichte der Schwarzen und seine Vorstellungen vom Leben zu halten. Weil eine Menge Leute neugierig auf diesen ungewöhnlichen Mann waren, wurden sie gut besucht. Er nahm zwar längst nicht so viel Geld ein wie als Boxer, aber es reichte zum Leben.

Außerdem verliebte sich Ali in dieser Zeit in die 17-jährige Belinda Boyd. Sie war eine schöne Frau und dazu noch überzeugte Muslimin. Die beiden heirateten am 17. August 1967 und bekamen vier Kinder.

Muhammad Ali mit Ehefrau Belinda

Wieder einmal hatte Ali gezeigt, dass er ein Kämpfer war. Einem Reporter gegenüber sagte er: „Diese Leute meinen, sie könnten mich in die Knie zwingen, indem sie mir meinen Titel nehmen und mich nicht kämpfen lassen. Pustekuchen! Ich habe mich niemandem unterworfen und hier bin ich jetzt, mit einer frisch gekauften Limousine – der Präsident der Vereinigten Staaten hat keine bessere. Geht nur los und sagt es allen Leuten, dass Muhammad Ali sich noch nicht geschlagen gibt!"

Nein, er gab sich nicht geschlagen. Er kämpfte auch weiter darum, wieder in den Ring steigen zu dürfen. Denn je länger das Verbot dauerte, desto mehr vermisste er das Boxen. Darüber sprach er im März 1969 mit einem Rundfunkreporter.

Elijah Muhammad hörte das Interview und hatte den Eindruck, Ali seien Geld, Autos, Häuser und Luxus wichtiger als Allah. Er ließ Ali zu sich kommen und erklärte ihm, er werde aus der *Nation of Islam* ausgeschlossen. Und er dürfe den heiligen Namen nicht mehr tragen, sondern müsse sich wieder Cassius Clay nennen.

Ali war schockiert. Die *Nation of Islam* war seine geistige Heimat, für sie hatte er sehr viel geopfert. Und nun das. Gegen den Ausschluss konnte er nichts tun, aber den Namen behielt er.

14. Kapitel

Kampf des Jahrhunderts

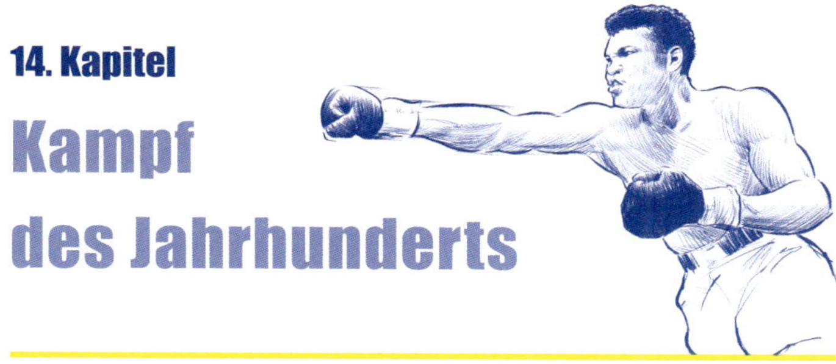

Am 11. September 1970 gingen die schweren Zeiten zu Ende: Ali erhielt seine Boxlizenz wieder. Das Maß aller Dinge im Schwergewicht war nun Weltmeister Joe Frazier. Natürlich wollte Ali gegen ihn antreten und seinen aberkannten Titel zurückholen. Zur Vorbereitung bestritt er zwei Kämpfe, die er beide durch K. o. gewann. Doch dabei wurde deutlich, dass er nicht mehr der Alte war.

Angelo Dundee urteilte nach einem der Kämpfe: „Er hat in jeder Runde etwa eine Minute lang wie der frühere Ali ausgesehen. In den verbleibenden zwei Minuten war er schwerfälliger, leichter zu treffen und verwundbar." Deswegen war der Trainer der Meinung, Ali solle zwei weitere Kämpfe bestreiten, bevor er mit Frazier in den Ring steige.

Aber Ali hörte nicht auf ihn und nahm sich vor, noch härter zu trainieren. Bald begann er auch wieder, wie früher über seinen Gegner zu lästern. Ali bezeichnete Joe Frazier als „dumm" und „hässlich" und nannte ihn einen „rückgratlosen Onkel Tom". Damit meinte er, dass Frazier sich wie ein Sklave an die Weißen verkaufe.

Alis Beleidigungen verletzten die Gefühle von Frazier. Wütend gab er zurück: „Ich werde so lange auf deinen Bauch einschlagen, bis die Nieren herausplatzen!“

Die Medien übertrumpften sich mit Geschichten über die beiden. Das Interesse an diesem Kampf überstieg alles, was es im Boxen bisher gegeben hatte. Und nicht bloß das Interesse, auch die Gage: Jeder bekam 2,5 Millionen Dollar. Solche Summen hatte noch kein Sportler erhalten.

Obwohl die Eintrittskarten auf dem Schwarzmarkt bis zu 700 Dollar kosteten, war der Madison Square Garden in New York am 8. März 1971 mit 20 455 Zuschauern ausverkauft. Rund 300 Millionen Menschen saßen weltweit vor den Fernsehgeräten – nur bei der ersten Mondlandung waren es mehr gewesen. Dass zwei ungeschlagene Weltmeister gegeneinander kämpften, das war einmalig. Deswegen war vom „Kampf des Jahrhunderts“ die Rede.

Als die beiden in den Ring stiegen, wurde Ali nicht ausgebuht wie früher. Die Stimmung im Land hatte sich deutlich gewandelt. Viele Amerikaner sprachen sich inzwischen gegen den Einsatz in Vietnam aus – so wie der Kriegsdienstverweigerer Muhammad Ali schon fünf Jahre zuvor. Ali war beliebter als Frazier und erhielt mehr Beifall.

Diesmal umkreiste Ali seinen Gegner nicht tänzelnd mit dem Ziel, ihn müde zu machen, wie er es in der Vergangenheit getan hatte. Stattdessen griff er sofort an und versuchte, Frazier entscheidend zu treffen. Der war überrascht und brauchte einige Zeit, um sich darauf einzustellen. Dann begann eine Prügelei, bei der die Boxer mehr Schläge einstecken mussten als je zuvor. Ihre Gesichter schwollen an, ihre Lippen platzten auf, blutiger Speichel tropfte auf den Ringboden. Beide rangen nach Luft und klammerten sich immer wieder aneinander, um die Runden zu überstehen.

Je länger der Kampf dauerte, desto größere Vorteile erboxte sich der Weltmeister. In der elften Runde landete seine Linke mit solcher Wucht an Alis Kinn, dass dessen Knie nachgaben. Ali wankte bedenklich, schaffte es aber irgendwie, auf den Beinen zu bleiben. Ganz erholte er sich von diesem Hammerschlag allerdings nicht. In der 15. Runde traf Frazier erneut mit einem linken Haken seinen Kopf, sodass Ali zu Boden ging. Er stand zwar erstaunlich rasch wieder auf, konnte die Niederlage jedoch nicht mehr verhindern.

Joe Frazier besiegt Muhammad Ali

Nach diesem härtesten, ja brutalsten Boxkampf der Geschichte mussten beide ins Krankenhaus. Und die Mehrheit der Zuschauer war der Meinung: Alis Zeit ist vorbei.

15. Kapitel

Rumble in the Jungle

Ein Vierteljahr nach der Niederlage gegen Joe Frazier errang Ali einen wichtigen Sieg: nicht im Ring, sondern im Rechtsstreit mit den USA. Der Oberste Gerichtshof hob das Urteil vom Frühjahr 1967 auf und erklärte ihn wieder zu einem freien Mann.

Nun hatte Ali vor allem ein Ziel: die Revanche gegen Frazier. Aber der weigerte sich, erneut mit ihm in den Ring zu steigen. Da boxte er eben gegen andere: 13-mal in gut zwei Jahren. Und obwohl Ali zwölf Kämpfe gewann, musste er mehr Schläge einstecken als früher. Einer der Gegner, Ken Norton, zertrümmerte ihm den Unterkiefer.

Alis Arzt Ferdie Pacheco riet ihm dringend, seine Karriere zu beenden. Andernfalls befürchtete er dauerhafte gesundheitliche Schäden. Ali dachte nicht daran. Er wollte unbedingt Frazier besiegen.

Und schließlich vereinbarten die Manager den Rückkampf für den 28. Januar 1974. Doch da war Frazier nicht mehr Weltmeister. Er hatte seinen Titel gegen George Foreman verloren. Trotzdem fand der Kampf statt und

Ankündigung des zweiten Kampfes zwischen Muhammad Ali und Joe Frazier

der Madison Square Garden war erneut ausverkauft. Jetzt ging es nicht um den Weltmeistertitel, sondern darum, wer Foreman herausfordern durfte. Wieder kämpften die beiden erbittert und diesmal gewann Ali nach Punkten.

Ali war inzwischen 32 Jahre alt und einer der beliebtesten Sportler Amerikas – nicht nur bei der schwarzen Bevölkerung. Viele Leute hörten zu, wenn er sich zu religiösen und sozialen Themen äußerte. Aber am liebsten wollten sie ihn boxen sehen, auch wenn er nicht mehr so leichtfüßig und elegant durch den Ring schwebte wie zehn Jahre zuvor.

Warnende Stimmen rieten Ali, nicht gegen Foreman zu kämpfen, denn der schlug angeblich noch härter als Liston und Frazier. Foreman jedoch wollte gar nicht mehr boxen. Er war von seinen Managern einige Male reingelegt und um viel Geld gebracht worden. Jetzt vertraute er niemandem mehr.

Da erschien Don King auf der Bildfläche, ein vorbestrafter Mann, der Boxkämpfe organisierte. Er witterte im Kampf der beiden ein Riesengeschäft und versprach jedem fünf Millionen Dollar Gage – die er gar nicht hatte. Deswegen suchte er einen Sponsor und fand ihn in Mobutu Sese Seko, dem Diktator des afrikanischen Staates Zaire (der heutigen Demokratischen Republik Kongo). Der war bereit, die Millionen zu bezahlen, wenn der Kampf in seiner Hauptstadt Kinshasa stattfinden würde. Dadurch hoffte er, sein Ansehen in der Welt zu verbessern. Don King war völlig egal, was der Diktator wollte und woher er das Geld hatte. Hauptsache, er bezahlte alles.

Als Ali hörte, dass der Kampf in Afrika stattfinden sollte, sagte er: „Das wird ein gewaltiges Rumpeln im Dschungel geben." Das Duell ging daher als „Rumble in the Jungle" in die Geschichte ein.

Vor dem Kampf gab es die üblichen Sticheleien. Ali kündigte an, wieder durch den Ring zu schweben wie früher, sodass ihn der schwerfällige Foreman nicht treffen könne. Und wenn sein Gegner nach sieben Runden müde sei, dann schicke er ihn auf die Bretter. Die meisten Fachleute trauten Ali das nicht zu. „Big George", wie Foreman genannt wurde, hatte von 40 Kämpfen 37 durch K. o. gewonnen, fast immer in der ersten oder zweiten Runde. Er werde auch Ali zerschmettern, war man überzeugt.

Als die Boxer am frühen Morgen des 30. Oktober 1974 in den Ring stiegen, ertönte ohrenbetäubender Lärm. Die große Mehrheit der 60 000 Zuschauer war für Ali. „Ali, töte ihn!", brüllten sie. An den Bildschirmen in aller Welt warteten etwa eine Milliarde Menschen gespannt auf den Kampf.

Den begann Ali zur Überraschung des Publikums ganz anders, als er es selbst angekündigt hatte. Er griff sofort an und landete die ersten Treffer. Und als Foreman zuschlug, tänzelte er nicht, sondern hielt dagegen.

In der zweiten Runde änderte Ali seine Taktik erneut: Er ließ sich in die Seile fallen, lehnte sich weit zurück und schützte mit den Fäusten seinen Kopf, mit den Unterarmen seinen Körper. Auf diese Weise versuchte er, den Schlägen die Wirkung zu nehmen und Foreman müde zu machen. „Rope-a-dope" nannte man das später. Alis Team war entsetzt. „Raus aus den Seilen!", rief Angelo Dundee. „Du musst dich lösen und tanzen! Los, tanze!"

Ali tanzte nicht. Er blieb bei seiner Taktik und steckte dabei viele Schläge ein. Aber die schienen ihm gar nichts auszumachen. „Ist das alles, was du draufhast?", spottete er. „Zeig mir was! Los, schlag doch mal richtig zu!"

„Big George" packte die Wut und er schlug immer wilder um sich. Je länger der Kampf dauerte, desto langsamer wurden seine Schläge. In der achten Runde ging ein linker Haken Foremans mal wieder ins Leere, einen Moment war er ohne Deckung. Darauf hatte Ali nur gewartet. Innerhalb weniger Sekunden landeten neun Treffer an Foremans Kopf, zuletzt eine knall-

Kampf zwischen George Foreman und Muhammad Ali

harte rechte Gerade. Foreman taumelte, Ali hob die Rechte erneut, schlug aber nicht mehr zu. „Big George“ fiel vornüber zu Boden.

Mit dem K.-o.-Sieg gegen George Foreman überwand Ali ein Grundgesetz des Boxens: „They never come back.“ Dieses ungeschriebene Gesetz meint, dass es keiner schafft, einen verlorenen Weltmeistertitel zurückzugewinnen. Doch Ali gelang es. Er war nun zum zweiten Mal Weltmeister aller Gewichtsklassen.

16. Kapitel

Auf Leben und Tod

In Kinshasa hatte Ali nicht nur geboxt, sondern auch eine neue Frau kennengelernt und sich in sie verliebt: Veronica Porché. Anfangs hielt er die Sache geheim. Aber vor dem dritten Kampf gegen Joe Frazier in Manila nahm er Veronica mit zum Empfang beim philippinischen Präsidenten Marcos. Darüber berichteten natürlich die Medien und so erfuhr es Alis Frau Belinda. Wutentbrannt reiste sie selbst nach Manila und stellte ihren untreuen Ehemann zur Rede. Die Fetzen flogen und bald danach trennte sich das Paar.

Ali hatte seinen Titel schon dreimal verteidigt, bevor er am 1. Oktober 1975 erneut gegen Frazier in den Ring stieg. Die beiden Boxer betrachteten sich inzwischen als persönliche Feinde. Vor dem Kampf verspottete und beleidigte Ali seinen Gegner auf übelste Weise: „Wir können keinen Gorilla als Champion haben. Wenn Sie ihn ansehen, werden Sie denken, dass alle Schwarzen Tiere sind. Unwissend. Dumm. Hässlich.“ Dann hüpfte er herum wie ein Affe und gab wilde Laute von sich.

Frazier hasste Ali dafür. „Ich werde diesem Halbblut das Herz aus der Brust reißen und es verspeisen. Ich meine das ernst. Das ist sein Ende oder meines."

Im Ring bekämpften sie sich, im wahrsten Sinne des Wortes, bis aufs Blut. Beide steckten mehr Schläge ein als in jedem anderen Kampf. Beide waren einige Male einem K. o. nahe, blieben aber auf den Beinen.

In der 14. Runde war Fraziers linkes Auge geschlossen, das rechte nichts weiter als ein schmaler Schlitz. Obwohl Ali völlig erschöpft war, sah er nun die Chance, Frazier endlich auf die Bretter zu schicken. Er holte alles aus seinem geschundenen Körper heraus und traf seinen Gegner serienweise am Kopf. Frazier wankte, doch er fiel nicht.

Nach dem Gong gingen beide auf wackeligen Beinen in ihre Ecke und ließen sich auf den Hocker fallen. Fraziers Trainer erkannte, dass eine weitere Runde mit solchen Schlägen seinen Schützling das Leben kosten könnte, und beendete den Kampf.

Ali stand auf und streckte den Arm kurz in die Höhe. Zum Jubeln hatte er keine Kraft mehr. „Das war der Tod", sagte er. „Noch nie war ich dem Tod so nahe."

Dieser „Thrilla in Manila" gilt neben dem „Kampf des Jahrhunderts" und dem „Rumble in the Jungle" als härtester Kampf der Boxgeschichte. Die Männer brauchten Wochen, um sich davon einigermaßen zu erholen.

Obwohl sich die beiden nicht mochten, bekundeten sie nach dem Kampf dem jeweils anderen Respekt. „Allmächtiger, was für ein Champion!", rief Frazier. „Ich habe ihn mit Schlägen traktiert, die eine Stadtmauer zum Einsturz gebracht hätten, und er hat sie weggesteckt. Was für ein Kämpfer!"

Und Ali gab das Lob zurück: „Joe Frazier ist der größte Boxer aller Zeiten – neben mir."

Erneut meldeten sich Stimmen, nun sei es für Ali aber wirklich an der Zeit aufzuhören. Auch Ali schien daran zu denken. „Warum tu ich das noch?", fragte er einen Reporter. Doch ein paar Wochen später klang er wieder ganz anders: „Ich habe meine Meinung geändert und ich habe das Gefühl, dass ich noch ein paar Jahre weitermachen kann." Das tat Ali. 1976 und 1977 verteidigte er seinen Titel sechsmal.

Außerhalb des Boxrings kam es in dieser Zeit zu einigen Krisen: Alis Eltern trennten sich. Odessa Clay wollte nicht mehr mit einem Mann zusammenleben, der oft betrunken war und sie immer wieder mit anderen Frauen betrog. Ali, der seiner Mutter näherstand als seinem Vater, kaufte ihr ein Haus.

Muhammad Ali und Veronica Porché

Auch Alis Ehefrau Belinda reichte im September 1976 die Scheidung ein. Und am 19. Juni 1977 heiratete der Boxer seine Freundin Veronica Porché, mit der er schon eine knapp einjährige Tochter hatte.

Nach der sechsten Titelverteidigung am 29. September 1977 bat Alis Arzt ihn eindringlich, seine Karriere zu beenden. Sonst seien gesundheitliche Probleme, vor allem Schädigungen des Gehirns, unvermeidlich. Doch Ali hörte nicht auf ihn. Da beendete Dr. Pacheco die langjährige Zusammenarbeit. „Ich wollte einfach bei dem, was noch kommen sollte, nicht mehr dabei sein. Sie sprechen von ‚nur noch leichten Kämpfen'. Aber für Ali gibt es keine leichten Kämpfe mehr."

Wie richtig der Arzt damit lag, zeigte sich schon im nächsten Kampf gegen Leon Spinks am 15. Februar 1978. Der hatte gerade mal sieben Profikämpfe bestritten. Ali nahm ihn nicht ernst und bereitete sich nicht wie sonst vor. Er glaubte, gegen so einen „Nobody" würde es dennoch reichen.

Es reichte nicht. In einem mittelmäßigen Kampf gelangen Spinks weitaus mehr Treffer als dem übergewichtigen und langsamen Ali. Die Punktrichter erklärten Spinks zum Sieger.

Zum ersten Mal hatte Ali seinen Titel im Ring verloren – und dachte jetzt noch weniger ans Aufhören als zuvor. „Ich will meinen Titel zurück. Koste es, was es wolle!", gab er bekannt.

Auf die Revanche bereitete sich Ali wieder richtig vor und kündigte an, dass dies sein letzter Kampf sein werde. Den wollten viele Leute unbedingt sehen. Der Superdome in New Orleans war am 15. September 1978 mit mehr als 63 000 Zuschauern restlos ausverkauft. An den Bildschirmen in aller Welt saßen über zwei Milliarden Menschen. Damit waren sämtliche Rekorde gebrochen.

Schon in der ersten Runde verfolgte Ali eine neue Taktik: Er lehnte sich nicht mehr in die Seile, sondern schlug ein paarmal zu. Dann zog er Spinks an sich heran und umklammerte ihn, bis der Ringrichter sie trennte.

So ging das Runde um Runde, wobei Ali zur Überraschung aller schneller auf den Beinen war und fitter wirkte als sein elf Jahre jüngerer Gegner. Er gewann den Kampf nach Punkten und schrieb erneut Geschichte: Muhammad Ali war der erste und einzige Boxer, der den Weltmeistertitel dreimal erkämpfte.

17. Kapitel

Ein Narr

„Jeder Mensch wird alt. Nun denke ich an meine Familie, meine Kinder und an die Rekordbücher. Ich wäre ein Narr, würde ich noch einmal kämpfen." Das verkündete Ali am 27. Juni 1979 öffentlich.

Er war ein Narr, denn er kämpfte noch zweimal. Aber warum? Es sprach doch alles dagegen, wieder in den Ring zu steigen. Die Antwort ist ganz einfach: Er brauchte das Geld. Dabei hatte er mehr verdient als jeder andere Sportler. Wie viel, das weiß niemand genau. Allein mit seinen Kämpfen waren es etwa 65 Millionen Dollar. Dazu kamen weitere Millionen aus Werbeverträgen und Buchverkäufen.

Trotzdem war das Geld meistens knapp, denn Ali gab es mit vollen Händen aus. Weil er gutgläubig war, wurde er von manchen Menschen ausgenutzt. Lange Zeit unterstützte er zum Beispiel die *Nation of Islam* großzügig. Er ließ sich auf Geschäfte ein, von denen er nichts verstand, und verlor dabei Millionen. Natürlich musste er auch Steuern bezahlen. Und nicht zuletzt kostete der Unterhalt für seine geschiedenen Frauen und seine bisher acht Kinder – zwei davon waren außerehelich – viel Geld.

Also beschloss Ali, wieder zu boxen. Seine Frau, seine Eltern und sein Bruder versuchten, ihn umzustimmen. Ihnen war nämlich aufgefallen, dass Ali zunehmend undeutlich sprach und öfter das Gleichgewicht verlor. „Ich will dich nie mehr im Ring sehen", sagte seine Mutter, die Angst um ihn hatte. Doch alles Reden und Bitten war vergeblich.

Für den 2. Oktober 1980 wurde ein Kampf gegen Weltmeister Larry Holmes vereinbart. Der hatte sieben Jahre zuvor noch für Ali gearbeitet und als Sparringspartner 500 Dollar in der Woche verdient. Beim Aushandeln der Gage zeigte sich, wer auch jetzt noch der Star war: Ali. Er bekam als Herausforderer acht Millionen Dollar, der Weltmeister gerade mal 2,3 Millionen. Normalerweise ist das umgekehrt.

Ali begann, sich auf den Kampf vorzubereiten. Mit 113 Kilogramm war er weit von seinem besten Kampfgewicht entfernt. Zwar schaffte er es, rund zehn Kilo abzutrainieren, aber beim Sparring rührte er sich kaum. Er lehnte sich in die Seile und ließ seine Sparringspartner zuschlagen. Einer von ihnen, für den Ali das große Vorbild war, sagte danach enttäuscht: „Er bewegte sich nicht so, wie ich es im Fernsehen immer gesehen hatte. Es wurde leichter und leichter, ihn zu treffen. Ich spürte, dass irgendetwas nicht mit ihm stimmte."

Das sahen und spürten auch andere. Ein Arzt untersuchte Ali und meinte, er leide an einer Überfunktion der Schilddrüse. Dagegen sollte ein Medikament helfen. Das bewirkte unter anderem, dass er schnell Gewicht verlor. Oft fühlte sich Ali erschöpft und müde. In dieser Verfassung hätte er auf keinen Fall boxen dürfen. Doch weil es um sehr viel Geld ging, trat er an.

Muhammad Ali im Kampf gegen Larry Holmes

In den ersten Runden sah es so aus wie beim Sparring: Ali hing überwiegend in den Seilen und steckte Schläge ein. 141 waren es bis zum Ende von Runde fünf. Selbst traf Ali nur zwölfmal. Noch warteten die

Zuschauer darauf, dass er seine Trickkiste öffnen und Holmes mit einer neuen Taktik überraschen würde. Aber er hatte keine Tricks auf Lager, die ihm hätten helfen können. Ein Teil des Publikums begann zu buhen, den anderen tat er leid. Nach der zehnten Runde ging Holmes in seine Ecke und hob entschuldigend die Fäuste, so als wollte er sagen: „Was soll ich denn machen? Ich muss ihn doch schlagen."

Alis Trainer Angelo Dundee sah ein, dass er den ungleichen Kampf beenden musste, um Schlimmeres zu verhindern.

Vier Tage später wurde Ali im Krankenhaus untersucht. Dort stellten die Ärzte fest, dass es keine Überfunktion der Schilddrüse gab. Das Medikament sei schädlich für ihn gewesen. Nur mit viel Glück habe er den Kampf überlebt.

So unglaublich das klingt: Nun erklärte Ali, das falsche Medikament sei für seine schwache Leistung verantwortlich. „Ich werde noch einmal boxen, denn ich will mich mit einem Sieg verabschieden", kündigte er an.

Das sei verrückt, meinte sein ehemaliger Arzt Ferdie Pacheco und verlangte von Alis Managern und Betreuern, einen weiteren Kampf unbedingt zu verhindern. Doch für die zählte bloß, dass sie dank Ali abermals Kasse machen konnten. Und so organisierten sie einen Kampf gegen den Jamaikaner Trevor Berbick. Nach der furchtbaren Niederlage gegen Larry Holmes wollte kein Veranstalter in den USA den Kampf haben. Deswegen sollte er in Nassau auf den Bahamas stattfinden.

Ali versuchte den Kampf aufzuwerten, indem er vom „Drama in Bahama" sprach. Einem Journalisten gegenüber behauptete er: „Berbick, mit dem werde ich leicht fertig. Ich werde ihm boxerisch überlegen sein, ihn deklassieren und mit ihm sprechen. Man sagt, ich hätte einen Hirnschaden und könnte nicht mehr sprechen. Wie klinge ich jetzt?" Danach erläuterte er seine weiteren Pläne: Nach dem Sieg gegen Berbick werde er Weltmeister Mike Weaver herausfordern und schlagen. „Ich werde meinen Titel ein paarmal verteidigen, dann werde ich zurücktreten und in aller Welt predigen. Klingt das für Sie so, als hätte ich einen Hirnschaden?"

Ob Ali wirklich glaubte, was er da sagte? Jedenfalls lag er damit weit daneben. Das „Drama in Bahama" am 11. Dezember 1981, fünf Wochen vor seinem 40. Geburtstag, wurde tatsächlich zu einem Drama für Ali. Das Zuschauerinteresse war mäßig und kein Fernsehsender wollte den Kampf übertragen. Der fand in einem Baseballstadion statt, in dem schnell ein Boxring errichtet worden war. Es gab nicht einmal einen richtigen Gong, die Runden wurden mit einer Kuhglocke eingeläutet und beendet.

Auch gegen Berbick hatte Ali keine Chance. Nichts mehr war zu sehen von dem Ali, der Millionen Menschen mit seiner Art zu boxen begeistert hatte. Der keineswegs erstklassige Berbick trieb den ehemaligen Champion durch den Ring. Anfangs gelang es Ali wenigstens ab und zu, für ein paar Sekunden dagegenzuhalten. Allerdings fehlte seinen Schlägen die Präzision und die Wucht, um Berbick zu stoppen oder gar ins Wanken zu bringen. Bald hing er wieder in den Seilen und versuchte, Runde um Runde zu überstehen. Noch einmal musste er viele Schläge einstecken, blieb aber auf den Beinen.

Nach dieser Niederlage akzeptierte Ali endlich, dass seine Laufbahn als Boxer zu Ende war. „Vater Zeit hat mich eingeholt“, stellte er fest. „Es ist vorbei. Ich muss den Tatsachen ins Auge sehen. Zum ersten Mal spüre ich, dass ich 40 Jahre alt bin. Das war mein letzter Kampf. Ich werde nie wieder boxen.“ Dann fügte er noch etwas hinzu, das ihm wichtig war: „Zumindest bin ich nicht zu Boden gegangen, keine Bilder von mir auf den Brettern.“

18. Kapitel

Der größte Sieg

Von Alis Plänen, als erster Boxer zum vierten Mal Weltmeister zu werden und seinen Titel dann noch ein paarmal zu verteidigen, war nichts übrig geblieben. Nun musste er sein Leben endgültig ohne das Boxen denken und planen. Anfangs reiste er viel in Amerika und der Welt herum. Er nutzte seine Berühmtheit, um Geld für soziale Projekte und zur Unterstützung seiner Religion zu sammeln. Doch bald verschlechterte sich seine Gesundheit. Er konnte nur noch undeutlich sprechen, nuschelte immer mehr. Beim Gehen schlurfte er, sein linker Daumen zitterte. Auch tagsüber war er oft müde und erschöpft.

Im September 1984 wurde Ali mehrere Tage in einem New Yorker Krankenhaus untersucht. Man stellte eine leichte Form der Parkinson-Krankheit fest. Bei dieser Krankheit sterben bestimmte Nervenzellen im Gehirn ab. Betroffene bewegen sich verlangsamt, die Muskeln versteifen. Arme und Beine beginnen zu zittern. Die Mimik wird starr. Viele können sich nicht mehr gut konzentrieren und werden vergesslich.

So schlimm war die Krankheit bei Ali noch lange nicht. Und die Ärzte hatten den Eindruck, dass sein

Denken und Bewusstsein in Ordnung waren. Die anderen Symptome ließen sich mit Medikamenten lindern, sodass er vorläufig ein normales Leben führen konnte. Also reiste er weiter in der Welt herum und bestritt dabei auch Schaukämpfe, um Geld zu sammeln. „Ich werde mehr gefeiert, habe mehr Fans und ich glaube, ich werde mehr geliebt als all die Superstars, die dieses Land hervorgebracht hat", erzählte er begeistert. Und das tat ihm gut.

Trotz der vielen Reisen traf man Ali jetzt häufiger zu Hause an als früher, doch er war kein Familienmensch. Er spielte zwar gern mit seinen Töchtern Hana und Laila, hatte dabei aber wenig Ausdauer. Alles andere überließ er ohnehin seiner Frau Veronica und den Dienstmädchen. Lieber empfing er Gäste und verschwand mit ihnen im Arbeitszimmer oder nach draußen.

Vermutlich hatte Veronica gehofft, nach der Boxkarriere würde sie mehr von ihrem Mann und die Kinder mehr von ihrem Vater haben. Ganz sicher hatte sie gehofft, es würde endlich Schluss sein mit den Liebschaften, die es auch während ihrer Ehe gab. Das alles war nicht der Fall.

1986 wurde die Ehe geschieden und im selben Jahr heiratete Ali zum vierten Mal: die 29-jährige Lonnie Williams. Die beiden kannten sich schon lange. „Als ich 17 war, habe ich mich in Muhammad verliebt, obwohl er 15 Jahre älter ist. Wir haben uns über die Jahre nie aus den Augen verloren“, verriet sie. Und sie liebte ihn noch immer.

Muhammad Ali und Ehefrau Lonnie

Die Familienangehörigen und Alis enge Freunde erkannten bald, dass Lonnie die richtige Frau für ihn war. „Sie ist das Beste, was Ali je passiert ist, das absolut Beste“, meinte ein guter Freund. „Sie tut seiner Seele gut.“

Lonnie wechselte für ihren Mann zum Islam, um ihm auch in Glaubensfragen näher zu sein. 1989 unternahmen sie gemeinsam die Pilgerreise nach Mekka, den sogenannten Hadsch. Mekka ist für Muslime eine heilige Stadt mit der Kaaba als zentralem Heiligtum des Islam. Alle Muslime, die es sich leisten können, sollen mindestens einmal im Leben dorthin pilgern.

Ali beschäftigte sich jetzt intensiver mit seiner Religion. Und er wurde ruhiger, wollte nicht mehr der von allen umschwärmte Star sein. Das Ehepaar verließ die Millionenstadt Los Angeles und zog in das Dorf Berrien Springs in Michigan. Hier besaß Ali eine Farm. Er betete fünfmal am Tag, wie es für gläubige Muslime Pflicht ist. Und er schrieb fleißig Autogramme, an manchen Tagen bis zu 300.

Am 8. Februar 1990 starb Alis Vater. Obwohl Ali als Junge oft unter dessen Launen gelitten hatte, sagte er nun: „Er war ein Vater, ein Freund, mein Trainer und mein bester Kumpel." Ali hatte ein großes Herz und konnte niemandem wirklich böse sein, schon gar nicht seinem Vater.

Näher als ihm stand er jedoch seiner Mutter. Als sie im Februar 1994 einen Schlaganfall erlitt, besuchte Ali sie wochenlang täglich im Krankenhaus. Wenn es ihr besonders schlecht ging, schlief er bei ihr im Zimmer. Er kümmerte sich liebevoll um sie, bis sie am 20. August 1994 starb.

Beim Ausräumen des Hauses half ihm ein guter Freund der Familie: Frank Sadlo. Dabei entdeckten sie mehrere Schachteln, in denen Odessa Clay Erinnerungsstücke an Alis Karriere gesammelt hatte. Ali wusste zu jedem Gegenstand eine Geschichte zu erzählen. Eine davon handelte von den Olympischen Spielen in Rom, wo er mit dem Gewinn der Goldmedaille den ersten Schritt zu seiner Weltkarriere getan hatte. Das brachte Frank Sadlo auf eine Idee.

Die Olympischen Sommerspiele 1996 fanden in den USA statt, in Atlanta. Bei der Eröffnungsfeier am 19. Juli saßen 80 000 Menschen im Stadion und rund drei Milliarden weltweit vor den Fernsehgeräten. Wer das olympische Feuer entzünden würde, war bis zuletzt geheim und wurde mit Spannung erwartet. Die

Schwimmerin Janet Evans trug die Fackel eine lange Rampe hinauf. Oben trat eine weiß gekleidete Gestalt aus der Dunkelheit.

Als die Menschen erkannten, wer es war, ging ein Aufschrei durchs Stadion, gefolgt von „Ali! Ali! Ali!"-Rufen. Er hatte eine noch nicht brennende Fackel in der rechten Hand, sein linker Arm zitterte. Janet Evans berührte mit ihrer Fackel kurz die von Ali, das Feuer sprang über.

Ali hob die brennende Fackel in die Höhe, wobei sein linker Arm so heftig zitterte, dass der Oberkörper und der Kopf mitzitterten. Dann hielt er sich mit der linken Hand an der Fackel fest, damit das Zittern weniger wurde. Sein Gesichtsausdruck wirkte konzentriert, er verzog keine Miene. Langsam senkte er die Fackel und entzündete mit einiger Mühe das olympische Feuer.

Die Szene rührte die Menschen im Stadion und in aller Welt. Dem amerikanischen Präsidenten Bill Clinton stiegen Tränen in die Augen und er war nur einer von Millionen.

Nach langer Zeit stand Muhammad Ali wieder im Scheinwerferlicht. Viele hatten ihn seit Jahren nicht gesehen und waren erschüttert. Der Mann, der einmal einen makellosen Körper hatte und unbesiegbar schien, zeigte allen seine Krankheit. Dass er sie nun annahm und nicht mehr versuchte, sie zu verstecken, war vielleicht sein größter Sieg.

Neun Jahre später sagte Ali im Rückblick auf Atlanta: „Der Kreis hatte sich geschlossen: 1960 schockierte ich die Welt und gewann bei den Olympischen Spielen in Rom eine Goldmedaille im Boxen. 1996 zeigte ich der Welt, dass die Parkinson-Krankheit mich nicht besiegt hatte. Ich zeigte ihr, dass ich noch immer der Größte aller Zeiten war."

Quellenverzeichnis

Dieses Buch schildert das Leben Muhammad Alis auf der Basis der unten aufgeführten Quellen. Einzelne Details, Szenen und Gespräche wurden für diesen biografischen Roman ausgestaltet.

Muhammad Ali und Richard Durham: Der Größte – Meine Geschichte, Droemer Knaur, München 1976

Jonathan Eig: Ali – Ein Leben, DVA, München 2018

Peter Kemper: Muhammad Ali, Suhrkamp Verlag, Berlin 2010

Harald Krämer und Fritz K. Heering: Muhammad Ali, Rowohlt Taschenbuch, Reinbek bei Hamburg 2001

David Remnick: King of the World – Der Aufstieg des Cassius Clay oder die Geburt des Muhammad Ali, Piper Taschenbuch, München 2016

Sybille Titeux und Amazing Améziane: Muhammad Ali – Die Comic-Biografie, Knesebeck, München 2016

Rahman Ali (* 18. Juli 1943 als *Rudolph Arnett Clay*) begann wie Muhammad Ali als Teenager mit dem Amateurboxen. Am 25. Februar 1964, dem Abend, an dem sein Bruder zum ersten Mal den Weltmeistertitel gewann, schlug Rahman Ali eine professionelle Boxkarriere ein, die er jedoch schon 1972 beendete.

Trevor Berbick (* 1. August 1954, † 28. Oktober 2006) war ein jamaikanischer Schwergewichtsboxer. Im Dezember 1981 stieg er mit dem schon deutlich geschwächten Muhammad Ali in den Ring („Drama in Bahama"). Nachdem Berbick den Kampf klar nach Punkten gewann, beendete Ali seine Boxkarriere.

Belinda Boyd (* 17. März 1950, heute *Khalilah Camacho Ali*) ist eine US-amerikanische Schauspielerin und war Muhammad Alis zweite Ehefrau. Ihre Eltern, Mitglieder der *Nation of Islam*, sollen die Hochzeit im August 1967 arrangiert haben. Die turbulente Ehe, aus der vier Kinder hervorgingen, wurde im Januar 1977 geschieden.

Cassius Marcellus Clay Senior (* 11. November 1912, † 8. Februar 1990) war der Vater von Cassius und Rudolph Clay. Er verdiente sein Geld als Maler von Schildern und Werbetafeln. Die Familie litt unter seinem Alkoholkonsum, der ihn häufig gewalttätig werden ließ.

Odessa Clay (* 12. Februar 1917, † 20. August 1995) war die Mutter von Cassius und Rudolph Clay. Um die Familie zu unterstützen, arbeitete sie zeitweise als Köchin und Putzfrau in weißen Haushalten. In den 70er-Jahren trennte sie sich von ihrem Ehemann Cassius Marcellus Clay Senior.

William Jefferson „Bill" Clinton (* 19. August 1946) war von 1993 bis 2001 der 42. Präsident der USA. Der Politiker der Demokratischen Partei regierte zuvor zehn Jahre lang als Gouverneur von Arkansas. Seit 1975 ist er mit Hillary Clinton verheiratet, der demokratischen Kandidatin für die US-Präsidentschaftswahl 2016.

Henry Cooper (* 3. Mai 1934, † 1. Mai 2011) war ein britischer Schwergewichtsboxer, der drei Jahre lang den Titel des Europameisters innehatte. Er trat zweimal gegen Muhammad Ali an, 1963 und 1966, und verlor beide Kämpfe aufgrund vorzeitiger Abbrüche wegen seiner Platzwunden.

Angelo Dundee (* 30. August 1921 als *Angelo Mirena*, † 1. Februar 2012) stand Muhammad Ali in all seinen professionellen Boxkämpfen (mit Ausnahme von zwei

Kämpfen) als Trainer zur Seite. Obwohl die *Nation of Islam* Dundee aufgrund seiner weißen Hautfarbe ablehnte, weigerte sich Ali, von jemand anderem trainiert zu werden. Dundee war Trainer von 14 weiteren Boxweltmeistern, unter ihnen Sugar Ray Leonard, José Nápoles und Jimmy Ellis.

George Foreman (* 10. Januar 1949) ist ein ehemaliger Schwergewichtsweltmeister. Im Oktober 1974 verlor er den Titel im „Rumble in the Jungle" gegen Muhammad Ali, konnte ihn jedoch 20 Jahre später noch einmal erringen.

Joe Frazier (* 12. Januar 1944, † 7. November 2011) war von 1970 bis 1973 Schwergewichtsweltmeister. Er stieg insgesamt dreimal gegen Ali in den Ring. Vor allem die erste und die dritte Begegnung der beiden Rivalen gelten als legendär. Sie gingen als „Kampf des Jahrhunderts" und „Thrilla in Manila" in die Boxgeschichte ein.

Larry Holmes (* 3. November 1949) ist ein ehemaliger US-amerikanischer Boxer. Im Juni 1978 gewann er den Weltmeistertitel im Schwergewicht durch einen knappen Punktsieg gegen Ken Norton und verteidigte ihn in den folgenden Jahren 16-mal, unter anderem im Oktober 1980 gegen den 38-jährigen Muhammad Ali.

Tunney Hunsaker (* 1. September 1930, † 27. April 2005) war ein US-amerikanischer Boxer, der 38 Jahre lang als Polizeichef von Fayetteville, West Virginia, arbeitete. Im Oktober 1960 trat Cassius Clay in seinem ersten professionellen Boxkampf gegen ihn an.

Ingemar Johansson (* 22. September 1932, † 30. Januar 2009) war ein schwedischer Boxweltmeister im Schwergewicht. Seiner Herkunft und seiner Schlagkraft verdankte er den Spitz- bzw. Kampfnamen *Thors Hammer*. Im März 1961 boxte er ein paar Sparringsrunden mit Cassius Clay, bevor dieser Weltmeister gegen Sonny Liston wurde.

Sonny Liston (* 1932, † 30. Dezember 1970) war zwischen 1962 und 1964 Schwergewichtsweltmeister, bevor ihm Cassius Clay am 25. Februar 1964 den Titel abnahm. Den Rückkampf ein Jahr später verlor Liston, weil er von Muhammad Alis „Phantom-Schlag" niedergestreckt wurde.

Joe E. Martin (* 1. Februar 1916, † 14. September 1996) war Cassius Clays erster Boxtrainer. Von Beruf Polizist trainierte Martin ab 1938 junge Boxer in der Columbia-Sporthalle in Louisville, neben Cassius Clay auch den späteren Weltmeister im Schwergewicht Jimmy Ellis.

Archie Moore (* 13. Dezember 1916, † 9. Dezember 1998) erlangte den Weltmeistertitel im Halbschwergewicht im Dezember 1952 und behielt ihn bis Mai 1962. Seinen vorletzten Boxkampf verlor er im November 1962 durch technischen K. o. in Runde vier gegen Muhammad Ali, den er zwei Jahre zuvor kurzzeitig trainiert hatte.

Elijah Muhammad (* 7. Oktober 1897, † 25. Februar 1975) war ein US-amerikanischer schwarzer Bürgerrechtler und leitete 42 Jahre lang die *Nation of Islam*. Er führte den Koran bei den afroamerikanischen Muslimen ein. Viele seiner Lehren werden jedoch von anderen Muslimen als ketzerisch und unislamisch abgelehnt.

Fernando „Ferdie" Pacheco (* 8. Dezember 1927, † 16. November 2017) war der Leibarzt von Muhammad Ali und zahlreichen anderen Boxchampions. Er verließ Alis Team im Herbst 1977, nachdem der Boxer seinen Rat abgelehnt hatte, in den Ruhestand zu gehen.

Zbigniew Pietrzykowski (* 4. Oktober 1934, † 19. Mai 2014) war ein polnischer Boxer und Cassius Clays Gegner im Kampf um die Goldmedaille bei den Olympischen Spielen 1960. Neben der Silbermedaille bei den Sommerspielen 1960 gewann er zwei olympische

Bronzemedaillen und war vierfacher Europameister der Amateure in drei Gewichtsklassen.

Veronica Porché Anderson (* 16. Dezember 1955) ist eine US-amerikanische Schauspielerin und Psychologin. Von 1977 bis 1986 war sie mit Muhammad Ali verheiratet. Das Paar bekam zwei Töchter: die spätere Profiboxerin Laila Ali und die Autorin Hana Yasmeen Ali.

Sonji Roi war Cassius Clays erste Ehefrau. Die beiden lernten sich im Juli 1964 kennen und heirateten nur einen Monat später. Die Ehe blieb kinderlos und wurde im Januar 1966 geschieden. Denn Roi, die als Kellnerin, Model und Sängerin arbeitete, weigerte sich, nach den strengen religiösen Vorschriften der *Nation of Islam* zu leben.

Leon Spinks (* 11. Juli 1953, † 5. Februar 2021) war ein zweifacher Weltmeister im Schwergewicht. Nach nur sieben Profikämpfen errang er im Februar 1978 gegen Muhammad Ali zum ersten Mal den Titel, bevor Ali ihn sich noch im selben Jahr zurückholte.

Fred Stoner (* 27. August 1908, † 1. November 1981) war ein Boxtrainer in Louisville und Rivale von Joe Martin. Bei Stoner trainierte Cassius Clay in seiner Zeit als Amateur. Später sagte Ali über ihn: „Er brachte mir alles bei, was ich weiß."

Lonnie Williams war Muhammad Alis vierte Ehefrau. Die beiden hatten sich schon in jungen Jahren kennengelernt und den Kontakt gehalten. Das Paar heiratete 1986, als Ali bereits an Parkinson erkrankt war, und adoptierte einen Sohn. Die Ehe hielt 30 Jahre – bis zu Alis Tod im Juni 2016.

Malcolm X (* 19. Mai 1925 als *Malcolm Little*, † 21. Februar 1965) war eine Leitfigur der Bürgerrechtsbewegung in den USA. Ab 1952 entwickelte er sich zu einem der Wortführer der *Nation of Islam*. Im März 1964 verkündete er jedoch öffentlich seinen Bruch mit Elijah Muhammad und dessen Organisation. Ein Jahr später kam er bei einem Attentat ums Leben.